7년대환란과 비밀휴거

YES? NO?

기독교회를 함정에 빠뜨리는
7년대환란과 환란 전 휴거를
성경으로 검증한다!

SOS TV

7년대환란과 비밀휴거 YES? NO?

초판 발행 2014년 11월 25일

펴낸곳 SOSTV
출판등록 2007년 7월 4일
발행인 손계문
전화 / 이메일
(한국) 1544-0091 / sostvkr@hotmail.com
(미국) 888-439-4301 / sostvus@hotmail.com
(뉴질랜드) 0800-42-3004 / sostvnz@gmail.com
카카오톡/카카오스토리 SOSTV
홈페이지 http://www.sostv.net

ISBN 978-89-94968-90-2 03230
값 8,000원

차례
CONTENTS

chapter I 성경을 통한 증거 9
    01 환란시대에 유대인만 구원이 있는가? 10
    02 세상 "마지막 날"과 "마지막 나팔소리" 13
    03 세상 마지막 날의 "첫째 부활"과 "둘째 부활"의 의미 17
    04 세상 끝에 있을 "추수"의 의미 27
    05 여러분은 첫 열매가 될 수 없습니다. 29
    06 세상 끝에 있을 "혼인잔치"의 의미 34
    07 예수님과 사도들이 증거한 재림의 말씀 두 번인가? 세 번인가? 38
    08 번개처럼 오신다는 의미 : 심판 43
    09 베드로전서와 히브리서의 주님 재림에 대한 교훈 48
    10 예수님의 재림(휴거)후 남은 자들의 운명 53

chapter II 휴거와 관련된 궁금증? 78
    01 화액과 장래 노하심에서 "건진다?" 79
    02 화액과 장래 노하심에서 "방주와 밀실"의 보호 96
    03 천년왕국(천년기)의 시기와 목적 118
    04 요한계시록 "십사만 사천(144,000)"의 교훈 148

들어가는 글

"환란"이란 말을 들으면 이렇게 질문하는 분이 참 많습니다. "그리스도인들이 환란을 당하게 된다면 믿음이 무슨 소용이 있습니까? 그런 환란을 통과한다면 몇 명이나 견디고 구원을 받을 수 있겠습니까?"

우리는 앞으로 이 질문에 대한 해답을 알아볼 것입니다. 환란이 온다면 그 환란을 어떻게 준비하면서 살아야 할지를 생각하는 사람과 환란이 오는 것에 무관심한 채 그냥 살아가는 사람이 있을 것입니다. 우리는 살면서 두 종류의 사람들을 대할 수 있습니다.

1 죽음 뒤의 세상을 준비하는 두 종류의 사람

하나님의 존재를 믿는 사람과 그렇지 않은 사람이 있습니다. 이 두 사람은 각자의 선택으로 열심히 살기 때문에, 세상에서는 아무런 차이가 없어 보입니다. 그러나 이 사람들의 차이는 그들이 죽은 후에 확인될 것입니다. 이 두 사람은 세상에 살면서는 아무 문제가 없어 보이나, 죽은 후에는 한 사람은 영원한 생명으로 한 사람은 영원한 사망에 들어가는 "영원한 문제"를 가지고 있습니다.

2 환란을 준비하는 두 종류의 사람

세상에는 두 종류의 그리스도인이 있습니다. 세상의 환란을 준비하는 그리스도인과 준비하지 않는 그리스도인입니다. 이 두 사람은 이 세상에 살면서 아무런 차이가 없으나 환란이 발생하면 그 차이를 알 수 있습니다. 환란을 준비한 그리스도인들이 환란을 당하면 좌절하고 실망할까요? 아닙니다. 그들은 하나님께 큰 소리로 영광과 찬송을 드릴 것입니다. 왜냐하면, 하늘에 처소를 마련하신 예수님께서 그들을 데리러 오는 때와 시기가 밝히 보이기 때문입니다.

"형제들아 때와 시기에 관하여는 너희에게 쓸 것이 없음은 주의 날이 밤에 도적 같이 이를 줄을 너희 자신이 자세히 앎이라" (살전 5:1,2)

오늘날 교회에서는 환란 후 휴거를 성도들에게 알려줘야 할 책임이 있습니다. 환란을 통과해야 한다는 것을 아는 그리스도인은 "환란 후 휴거"가 오히려 신앙생활을 더욱 열심히 하도록 할 것이며 말씀으로 무장하고 믿음을 더욱 지킬 것입니다.

여러분이 말씀을 연구하고 전할 때 각자의 신앙이 어떻게 변화되어 가는지를 보면 더욱 확실한 증거가 될 것입니다. 교회가 환란의 어려운 때를 통과하고, 휴거된다면 환란 후 휴거를 믿는 그리스도인에게는 아무 문제가 없을 것입니다. 그들은 지금 세상에서 그리스도인으로서 복음과 은혜에 합당한 삶을 살고 주님께서 말씀하신 그대로 믿고 순종하며 살기 때문에 문제가 없을 것입니다.

그러나 환란전 휴거를 믿고 있는 교회와 그리스도인들이 환란을 맞이한다면, "그 환란을 어떻게 감당할 수 있을까요?"

7년 환란 전 휴거

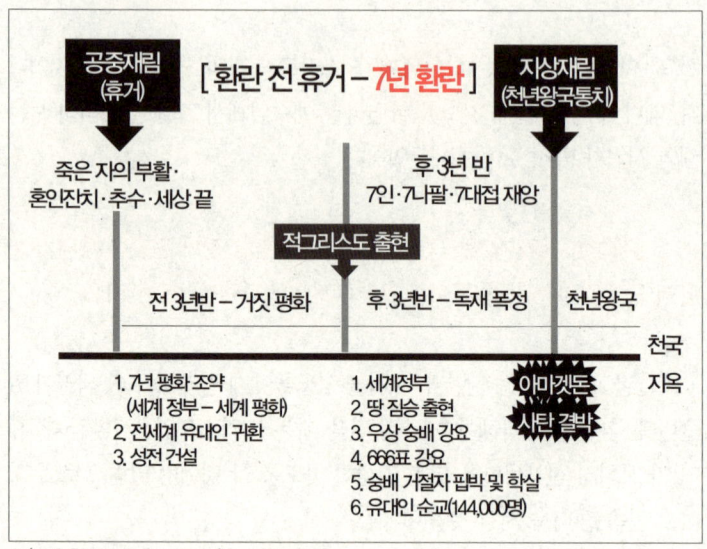

▲(7년 환란 전 휴거 도표) - 사탄결박

    수많은 그리스도인의 마음에 혼란을 주고, 현대 교회에 엄청난 혼동의 요인이 되어온 신학적 교리가 많이 있습니다. 그 중 하나가 바로 "7년 환란"이며 이 잘못된 교리로 말미암아 하나님의 말씀이 오해되고 있습니다. "7년 환란"은 진리를 왜곡시키는 큰 원인 중의 하나이며, "환란 전 휴거"를 믿도록 만든 가르침입니다. 심지어 "7년 환란"은 "환란 후 휴거"를 믿는 그리스도인들조차도 그 환란의 기간이 "7년"이며 그 안에 적그리스도나 중동평화조약 등이 있을 것이라고 믿고 있습니다. 한국 기독교의 많은 그리스도인이 "7년 환란"을 믿고 있습니다.

    그렇다면 이 "7년 환란"은 도대체 성경 어느 구절을 근거로 생겼으며,

누가 주장했으며 교리상으로 무엇을 주장하는지 궁금하지 않습니까? "7년 환란" 가르침을 믿는다면, "7년 환란"은 어디서 왔으며, 성경적인 근거는 무엇인지에 대하여 생각해보았을 것입니다. 여러분이 다니는 교회에서 "7년 환란" 가르침에서 기간을 자주 말하기 때문에, 성경에 그 기간을 자주 언급한다고 생각하기 쉽습니다. 그러나 성경에 조금만 관심을 가져도 그렇지 않다는 것을 누구나 쉽게 알 수 있습니다. 성경의 단 한 구절도 7년을 세상 끝이나 그리스도의 재림과 관련하여 말씀하지 않습니다. 대부분 설교나 자료들은 성경 상으로 증명하거나 설명을 하지 않은 채 7년 동안의 환란 기간을 언급합니다.

수많은 사람이 예수님께서 "7년 환란" 후에 재림하실 것으로 믿도록 유도하는 가르침을 받아왔으며, 또한 어떤 분들은 이것이 너무도 잘 교리화 되었기에 어떤 증명이 필요치 않다고 생각합니다. 그러나 사실은 그와 정반대입니다. 전혀 그렇지 않습니다.

여러분은 이 "7년 환란"에 대한 기간적인 어원에 대해서 정확히 모른다 해도 다니엘 9장 27절 "한 이레"의 굳게 정한 언약이란 말씀을 한두 번은 들어보았을 것입니다.

문제는 여기에 있습니다.

"7년 환란"이란 말은 성경에는 없지만 "한 이레"를 "7년 환란"이라고 주장하고 교리화 했는데 이것은 사람의 유전과 논리나 계명이지 않을까요? 그러므로 "7년 환란"은 환란 전 휴거를 주장하는 교단의 중요한 교리임에도 불구하고, 기초적인 성경의 근거가 부족하고, 또 매우 추상적입니다. 혹자는 물을 것입니다. 그것이 무엇이 그렇게 중요합니까? 라고….

그러나 무엇이 그럴 것이라는 추측의 믿음은 "미신(迷信)"이며, 나중에는 덮어놓고 확인 없이 믿는 "맹신(盲信)"이 되며, 결국 이것은 도를 지나쳐서 "광신(狂信)"이 됩니다. 우리의 재산, 건강, 명예가 아닌 우리의 영생이 달린 문제이기에 이것을 아는 것은 중요합니다.

적어도 성경적으로 "환란 전 휴거"의 교리적 근거는 알아야 하지 않겠습니까? 이제 "환란 전 휴거와 7년 환란"의 교리가 어디에 근거를 두고 있는지 그 원인을 살펴보겠습니다.

"❶ 그가 장차 많은 사람으로 더불어 ❷ 한 이레 동안의 언약을 굳게 정하겠고 그가 그 이레의 절반에 제사와 예물을 금지할 것이며 또 잔포하여 미운 물건이 날개를 의지하여 설 것이며 또 이미 정한 종말까지 진노가 황폐케 하는 자에게 쏟아지리라 하였느니라"(단 9:27).

이 교리는 다니엘서 말씀의 ❶ 그가 장차에서 "그"를 미래의 어느 시점에 나올 "적그리스도"로 ❷ 한 이레의 언약을 굳게 정한다 에서 "한 이레 언약"을 중동의 "7년 평화조약"이나, 실제로 세상에서 "7년 환란"이라 정의합니다.

즉, 적그리스도가 "7년 평화조약"시에 할 일을 다음과 같이 말합니다.
1. 7년의 언약을 정함 : 7년 중동평화조약 + 예루살렘성전 건설
2. 이레의 절반 전 3년 반 : 유럽에서 적그리스도 출현 및 평화정치
3. 이레의 절반 후 3년 반 : 666표를 강제주입하며 공포정치 시작

된다고 합니다. 이제 "환란 전 휴거"가 성경적으로 얼마나 많은 오류가 있으며 성경을 변경하고 말씀을 가감하고 있는지 성경으로 확인해보겠습니다.

SEVEN YEARS OF TRIBULATION

I. 성경을 통한 증거

1 환란시대에 유대인만 구원이 있는가?

마태복음 24장에서 주님께서 말씀하신, 천국 복음이 세상 끝까지 전하여질 것이라는 말씀이 다시 한 번 증거가 될 것입니다.

"또 보니 다른 천사가 공중에 날아가는데 땅에 거하는 자들 곧 **여러 나라와 족속과 방언과 백성에게 전할 영원한 복음**을 가졌더라 그가 큰 음성으로 가로되 하나님을 두려워하며 그에게 영광을 돌리라 이는 그의 심판하실 시간이 이르렀음이니 하늘과 땅과 바다와 물들의 근원을 만드신 이를 경배하라 하더라"(계 14:6,7).

여러 나라와 족속과 방언과 백성에게 전할 영원한 복음의 대상이 유대인들만이 아닌 것은 확실하지 않습니까?

"저가 내게 말하기를 네가 **많은 백성과 나라와 방언과 임금에게 다시 예언**하여야 하리라 하더라"(계 10:11).

이 말씀만 보아도 7년 환란 기간에 유대인들에게만 복음이 전해진다는 것이, 성경 말씀을 얼마나 왜곡하고 있는지를 알 수 있습니다.

"또 내가 들으니 하늘로서 다른 음성이 나서 가로되 내 백성아, 거기서 나와 그의 죄에 참예하지 말고 그의 받을 재앙들을 받지 말라"(계 18:4).

"내 백성아 거기서 나오라"

유대인만 하나님 백성이라고 하셨나요? 이사야 19장과 다니엘서 11장, 12장은 마지막 시대의 일어날 역사를 기록하고 있습니다. "애굽을 나의 백성, 하나님의 손으로 지은 앗수르, 나의 산업 이스라엘이여, 복이 있을 찌어다." 어떻게 애굽을 백성으로 부르실 수 있습니까? 더군다나 복을 주시겠다고 약속하십니다. 에돔과 모압과 암몬자손은 아브라함의 혈육에 속한 민족임에도 불구하고, 대대로 이스라엘을 괴롭힌 민족들이었습니다. 그러나 마지막 때에 그들도 악한 손으로부터 벗어날 것이라고 하나님은 말씀하고 계십니다.

"그 **날에** 애굽인이 부녀와 같을 것이라 그들이 만군의 여호와의 흔드시는 손이 그 위에 흔들림을 인하여 떨며 두려워할 것이며 유다의 땅은 애굽의 두려움이 되리니 이는 만군의 여호와께서 애굽에 대하여 정하신 모략을 인함이라 그 소문을 듣는 자마다 떨리라 그 날에 애굽 땅에 가나안 방언을 말하며 만군의 여호와를 가리켜 맹세하는 다섯 성읍이 있을 것이며 그 중 하나를 장망성이라 칭하리라 그 **날에 애굽 땅 중앙에는 여호와를 위하여 제단이 있겠고** 그 변경에는 여호와를 위하여 기둥이 있을 것이요 이것이 애굽 땅에서 만군의 여호와를 위하여 표적과 증거가 되리니 이는 그들이 그 압박하는 자의 연고로 여호와께 부르짖겠고 여호와께서는 한 구원자, 보호자를 보내사 그들을 건지실 것임이라 **여호와께서 자기를 애굽에 알게 하시리니 그 날에 애굽인이 여호와를 알고 제물과 예물을** 그에게 드리고 경배할 것이요 여호와께 서원하고 그대로 행하리라 여호와께서 애굽을 치실 것이라도 치시고는 고치실 것인고로 그들이 여호와께로 돌아올 것이라 여호와께서 그 간구함을 들으시고 그를 고쳐주시리라 그 날에 애굽에서 앗수르로 통하는 대로가 있어 앗수르 사람은 애굽으로 가겠고 애굽 사람은 앗수르로 갈 것이며 애굽 사람이 앗수르 사람과 함께 경배하리라 그 **날에 이스라엘이 애굽과 앗수르로 더불어 셋이 세계 중에 복이 되리니** 이는 만군의 여호와께서 복을 주어 가라사대 **나의 백성 애굽이여, 나의 손으로 지은 앗수르여, 나의 산업 이스라엘이여, 복이 있을찌어다** 하실 것임이니라"(사 19:16-24).

"마지막 때에 남방 왕이 그를 찌르리니 북방 왕이 병거와 마병과 많은 배로 회리바람처럼 그에게로 마주 와서 그 여러 나라에 들어가며 물이 넘침같이 지나갈 것이요 그가 또 영화로운 땅에 들어갈 것이요 많은 나라를 패망케 할 것이나 오직 에돔과 모압과 암몬 자손의 존귀한 자들은 그 손에서 벗어나리라"(단 11:40,41).

"그 때에 네 민족을 호위하는 대군 미가엘이 일어날 것이요 또 환난이 있으리니 이는 개국 이래로 그 때까지 없던 환난일 것이며 그 때에 네 백성 중 무릇 책에 기록된 모든 자가 구원을 얻을 것이라 땅의 티끌 가운데서 자는 자 중에 많이 깨어 영생을 얻는 자도 있겠고 수욕을 받아서 무궁히 부끄러움을 입을 자도 있을 것이며"(단 12:1,2)

"내 백성아"는 유대인뿐이 아닙니다. 하나님께서는 밝히 말씀하십니다.

"땅에 거하는 자들 곧 여러 나라와 족속과 방언과 백성에게 전할 영원한 복음을 가졌더라"(계 14:6).

2. 세상의 "마지막 날"과 "마지막 나팔소리"

많은 사람이 믿고 있는 "환란 전 휴거"에 대한 내용이 성경에는 어떻게 증거되어 있는지 알아보겠습니다. 우선 믿는 자들의 공통점이 한 가지 있는데 그것은 바로 오늘날을 보는 성경의 시대적 관점은 주님 재림이 얼마 남지 않았다는 사실입니다. 이와 관련하여 성경에서 기록된 "마지막 날"은 세상의 마지막 날을 의미한다는 사실을 부인할 사람은 아무도 없을 것입니다.

"저가 큰 나팔소리와 함께 천사들을 보내리니 저희가 그 택하신 자들을 하늘 이 끝에서 저 끝까지 사방에서 모으리라"(마 24:31).

또한, 사도 바울도 죽은 자들이 부활하는 그 시간에, 의인들이 공중으로 승천할 것이라고 기록했습니다.

"주께서 호령과 천사장의 소리와 하나님의 나팔로 친히 하늘로 좇아 강림하리니 그리스도 안에서 죽은 자들이 먼저 일어나고 그 후에 우리 살아남은 자도 저희와 함께 공중으로 끌어올려 공중에서 주를 영접하고 그리하여 우리가 항상 주와 함께 있으리라"(살후 4:16,17).

마지막 나팔에 순식간에 홀연히 다 변화될 것을 말씀합니다.

"보라 내가 너희에게 비밀을 말하노니 우리가 다 잠잘 것이 아니요 마지막 나팔에 순식간에 홀연히 다 변화하리니"(고후 15:51).

우리는 예수님과 사도 바울이 말한 나팔소리를 어디에서 또 들을 수 있습니까? 특별히 사도 요한을 통해 마지막 때를 위해 기록한 요한계시록의 일곱 나팔에서 들을 수 있습니다.

"일곱 나팔 가진 일곱 천사가 나팔 불기를 예비하더라"(계 8:6).

첫째 나팔이 불리기 시작하고 놀랍게도 말씀에는 일곱째 나팔이 불릴 때, 그동안 성경의 역사 속에서 하나님의 신실한 선지자들에게 보여주시고 사도들에게 전하신 하나님의 비밀인 복음이 이루어질 것을 언약하였습니다.

"일곱째 천사가 소리 내는 날 그 나팔을 불게 될 때에 **하나님의 비밀이 그 종 선지자들에게 전하신 복음**과 같이 이루리라"(계 10:7).

그러면 하나님의 비밀이 무엇이고 복음이 무엇입니까?

"나의 복음과 예수 그리스도를 전파함은 영세 전부터 감취었다가 이제는 나타내신바 되었으며 영원하신 하나님의 명을 좇아 선지자들의 글로 말미암아 모든 민족으로 믿어 순종케 하시려고 알게 하신바 그 **비밀의 계시를 좇아 된 것**이니 이 복음으로 너희를 능히 견고케 하실 지혜로우신 하나님께 **예수 그리스도로 말미암아 영광**이 세세무궁토록 있을찌어다 아멘"(롬 16:25-27).

"오직 **비밀**한 가운데 있는 하나님의 지혜를 말하는 것이니 곧 감취었던 것인데 **하나님이 우리의 영광**을 위하사 만세 전에 미리 정하신 것이라"(고전 2:7).

"하나님이 그들로 하여금 이 **비밀의 영광**이 이방인 가운데 어떻게 풍성한 것을 알게 하려하심이라 **이 비밀**은 너희 안에 계신 **그리스도**시니 곧 **영광의 소망**이니라"(골 1:27).

"이는 저희로 마음에 위안을 받고 사랑 안에서 연합하여 원만한 이해의 모든 부요에 이르러 **하나님의 비밀인 그리스도**를 깨닫게 하려 함이라"(골 2:2).

하나님의 비밀은 창세 전부터 우리를 위해 예비하신 그리스도이며, 고난을 통해 그리스도가 받으실 영광이며, 그 영광을 통해 그리스도인들이 받을 구원이며, 부활이며, 영생입니다. 사도바울은 그리스도께서 강림하실 때 죽은 자들이 부활로, 그다음에 산 자들이 주님을 영접하고 모든 악한 원수와 권세를 멸하시고 하나님의 나라를 완성하시고 하나님께 바칠 때라 했는데 그때가 곧 일곱 번째 나팔이 불릴 때입니다.

"아담 안에서 모든 사람이 죽은 것 같이 그리스도 안에서 모든 사람이 삶을 얻으리라 그러나 각각 자기 차례대로 되리니 먼저는 첫 열매인 그리스도요 다음에는 그리스도 강림하실 때에 그에게 붙은 자요 그 후에는 나중이니 저가 모든 정사와 모든 권세와 능력을 멸하시고 **나라를 아버지 하나님께 바칠 때라**"(고전 15:22-24).

예수님과 사도들이 영원한 하늘나라의 비밀이 일곱 나팔이 불릴 때 이루어질 것이며 이를 가리켜 "마지막 날"이라고 말씀하신 것을 우리는 알아야 합니다. 예수님께서 십자가에서 돌아가시기 직전 큰소리로 "다 이루었다" 외치며 이 땅에서 예수님의 사역을 모두 끝마쳤음을 하나님과 천사들과 세상 사람들에게 알리셨으며, 그리고 다시 하나님의 나라가 완성되고 그 처소가 준비되었고, 그 거룩한 백성이 모두 준비되었음을 하나님과 천사들과 세상 사람들에게 한번 더 말씀하신 대로 "되었다"라고 외치실 것입니다.

마치 구약시대에 애굽을 심판하면서 마지막 열 재앙을 쏟아 부을 때, 이스라엘 백성은 출애굽의 기쁨과 설렘 속에 있었듯이, 그리스도인들도 세상에 쏟아지는 일곱 재앙 속에서 기쁨과 설렘 속에 예수님의 재림을 기다리고 소망할 것입니다.

"일곱째가 그 대접을 공기 가운데 쏟으매 큰 음성이 성전에서 보좌로부터 나서 가로되 되었다 하니"(계 16:17).

성도들을 모으는 사건(휴거)이 "7년 환란" 전에 있다면, 어떻게 그 날을 "마지막 날"이라고 부를 수 있을까요? 또한, 그 사건이 마지막 날에 생기지 않는다면, 어떻게 그때에 울리는 나팔의 소리를 "마지막 나팔"이라고 말할 수 있을까요? "마지막 날"에는 유대인과 이방인의 구분과 차별 없이 모든 민족이 두 부류로 나누어지게 됩니다. 더는 심판의 유예기간은 없을 것입니다.

"인자가 자기 영광으로 모든 천사와 함께 올 때에 자기 영광의 보좌에 앉으리니 **모든 민족**을 그 앞에 모으고 각각 분별하기를 목자가 양과 염소를 분별하는 것 같이 하여 **양은 그 오른편에, 염소는 왼편**에 두리라"(마 25:31-33).

마태복음 24장과 25장은 세상 끝의 징조를 말씀하면서 예수님께서 다시 오실 때, 살아남은 노아와 심판받은 자들, 두 여자의 데려감과 버려둠의 비유, 충성스러운 종과 악한 종, 슬기로운 처녀와 미련한 처녀, 달란트의 비유, 모든 민족을 양과 염소, 영생과 영벌 등의 말씀입니다. 이것은 오직 의인과 악인의 두 부류의 심판을 설명하는 것입니다. 예수님께서 오시는 그 날은 마지막 날이며, 마지막 나팔이 불리는 날이며, 알곡이 추수되며, 그리스도인의 처소가 준비되고, 예루살렘 성이 준비되고, 혼인 잔치가 열리고, 영원한 하나님 나라가 완성되는 날입니다.

3 세상 마지막 날의 "첫째 부활"과 "둘째 부활"의 의미

의인들이 "7년 환란 전"에 악인들로부터 분리되고, 죽은 자들이 살아난다면 주님께서 약속하신 "부활의 언약"은 어떻게 되는 것일까요? 예수님께서는 "마지막 날에 내가 이를 다시 살리리라"라는 말씀으로 세상 끝에 있을 죽은 의인의 부활을 약속하셨습니다.

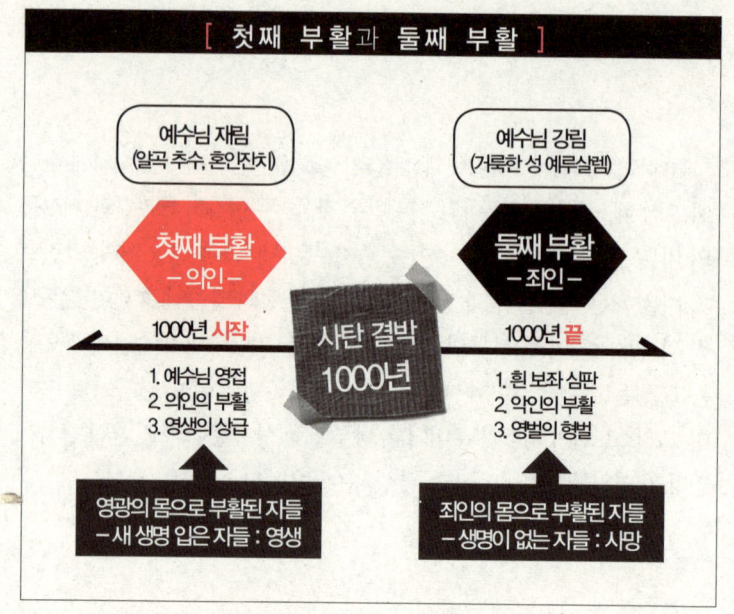

"나를 보내신 이의 뜻을 행하려 함이니라 나를 보내신 이의 뜻은 내게 주신 자 중에 내가 하나도 잃어버리지 아니하고 마지막 날에 다시 살리는 이것이니라 내 아버지의 뜻은 아들을 보고 믿는 자마다 영생을 얻는 이것이니 마지막 날에 내가 이를 다시 살리리라 하시니라"(요 6:39,40).

"마지막 날"에 대한 말씀을 더 찾아보겠습니다.

"나를 보내신 아버지께서 이끌지 아니하면 아무라도 내게 올 수 없으니 오는 그를 내가 **마지막 날**에 다시 살리리라"(요 6:44).

"내 살을 먹고 내 피를 마시는 자는 영생을 가졌고 **마지막 날**에 내가 그를 다시 살리니"(요 6:54).

"마르다가 가로되 **마지막 날 부활**에는 다시 살 줄을 내가 아나이다"(요. 11:24).
"나를 저버리고 내 말을 받지 아니하는 자를 심판할 이가 있으니 곧 나의 한 그 말이 **마지막 날**에 저를 심판하리라"(요 11:28).

만약 7년 환란 전에 휴거가 되면서 죽은 자들이 "생명의 부활"로 나오고 살아있는 성도들도 이미 생명의 부활인 "첫째 부활"에 참예하게 되면, 요한계시록의 144,000인의 "부활의 시기"는 허공에 뜨고 말씀의 약속이 필요 없게 됩니다. 다시 말씀드리면 7년 환란 기간에 죽게 된다는 144,000인의 부활의 시기가 성경에 기록되어 있지 않습니다. 첫째 부활이 있은 후 성경에 남은 부활은 "**둘째 부활**"만이 기록에 남아 있을 뿐입니다. 결국, 이들 144,000인은 둘째 부활에 참예할 수밖에 없습니다. 그러나 놀랍게도 남은 "**둘째 부활**"은 성경에서 "**사망의 부활**"을 말합니다.

"이 **첫째 부활**에 참예하는 자들은 복이 있고 거룩하도다 **둘째 사망이 그들을 다스리는 권세**가 없고 도리어 그들이 하나님과 그리스도의 제사장이 되어 천 년 동안 그리스도로 더불어 왕 노릇 하리라"(계 20:6).
"사망과 음부도 불못에 던지우니 이것은 **둘째 사망 곧 불못이라**"(계 20:14).

이 말씀을 정확히 이해하기 위해 먼저 "부활"에 대해 알아야 합니다. **부활은 시기적으로 다른 두 종류의 부활이 있습니다.**

성경에는 ❶"**첫째 부활**"과 ❷"**둘째 부활**"에 대한 말씀이 있습니다. 이 부활에 관해 설명하면 많은 성도가 놀라는데, 처음 들었기 때문일 것입니다. 그렇다면, 왜 성경은 굳이 첫째 부활과 둘째 부활을 기록하여 놓으셨을까요? 그것은 어떠한 부활에 참예함에 따라 심판이 다르기 때문입니다. 의인과 악인의 부활이 다릅니다. 우리는 예수님께서 재림하실 때 죽은 자들이 먼저 무덤에서 부활할 것을 알고 있습니다.

"주께서 호령과 천사장의 소리와 하나님의 나팔로 친히 하늘로 좇아 강림하시리니 **그리스도 안에서 죽은 자들이 먼저 일어나고**"(살전 4:16).

이것이 "첫째 부활"입니다.

"또 내가 보좌들을 보니 거기 앉은 자들이 있어 심판하는 권세를 받았더라 또 내가 보니 예수의 증거와 하나님의 말씀을 인하여 목 베임을 받은 자의 영혼들과 또 짐승과 그의 우상에게 경배하지도 아니하고 이마와 손에 그의 표를 받지도 아니한 자들이 살아서 그리스도로 더불어 **천 년 동안 왕 노릇 하니** (그 나머지 죽은 자들은 그 천 년이 차기까지 살지 못하더라) 이는 **첫째 부활**이라 이 **첫째 부활에 참예**하는 자들은 복이 있고 거룩하도다 **둘째 사망**이 그들을 다스리는 권세가 없고 도리어 그들이 하나님과 그리스도의 제사장이 되어 **천 년 동안 그리스도로 더불어 왕 노릇 하리라**"(계 20:4-6).

이 첫째 부활에 참예하는 사람은 둘째 사망이 없다는 말씀입니다. 그들은 부활에 참예하면서 큰소리로 외칠 것입니다.

"사망아! 이제는 다시 나를 주장하지 못하리라!"

"내가 저희를 음부의 권세에서 속량하며 사망에서 구속하리니 사망아 네 재앙이 어디 있느냐 음부야 네 멸망이 어디 있느냐 뉘우침이 내 목전에 숨으리라"(호 13:14).

"사망아 너의 이기는 것이 어디 있느냐 사망아 너의 쏘는 것이 어디 있느냐"(고전 15:55).

성경에는 죽은 자에게 두 번째의 부활 즉, "둘째 사망"이 기록이 되어 있습니다.

"이 첫째 부활에 참예하는 자들은 복이 있고 거룩하도다 **둘째 사망**이 그들을 다스리는 권세가 없고 도리어 그들이 하나님과 그리스도의 제사장이 되어 천 년 동안 그리스도로 더불어 왕 노릇 하리라"(계 20:6).

악인들의 부활인 둘째 부활은 결국 둘째 사망의 심판을 받기 위해서입니다. 이 둘째 사망을 이해하기 위해서는 한 가지 의문점을 풀어야 합니다. 예수님께서 재림하실 때 악인들도 부활합니까?

아닙니다. 당연히 악인은 부활하지 않습니다!

악인들은 주님께서 재림하실 때 부활할 수 없습니다. 왜냐하면, 그들은 영생을 얻지 못할 자들이기에 그렇습니다. 악인으로서 죽은 자들은 무덤에서 의인들과 같이 일어날 수 없습니다. 하나님을 보고 누가 능히 설 수 있느냐의 큰 외침과 함께 주님께서 영광의 광채를 발하는 심판자로서 재림하실 때, 일곱 재앙 후에도 살아남은 모든 악인들은 죽게 됩니다. 주검이 있는 곳에 독수리가 있고, 모든 새가 시체의 고기를 먹게 되고, 염습함을 받지 못하고, 진노의 대접으로 그들은 다 죽음을 맞이하게 될 것입니다. 이것이 예수님께서 말씀하신 "노아의 홍수"와 같이 인자의 임함도 이와 같다는 말씀입니다. 홍수 날에 구원 얻은 숫자는 몇 명이며, 그 이외의 사람들은 다 어떻게 되었습니까?

"그 날에 나 여호와에게 살육을 당한 자가 땅 이 끝에서 땅 저 끝에 미칠 것이나 그들이 슬퍼함을 받지 못하며 염습함을 입지 못하며 매장함을 얻지 못하고 지면에서 분토가 되리로다"(렘 25:33).

예수님께서 재림할 때, 사탄은 천 년 동안 결박을 당하게 되는데, 그 말씀 뒤에 "그들이 천 년을 차기까지 살지 못하더라." 라는 흥미로운 말씀이 있습니다.

"(그 나머지 죽은 자들은 그 천 년이 차기까지 살지 못하더라) 이는 첫째 부활이라"(계 20:5).

여기서 말씀하시는 그 "나머지 죽은 자들"은 누구일까요? 이들은 첫째 부활에 참예하지 못한 악인들이며, 주님 재림하실 때 추수되지 못하고, 노아의 홍수 때처럼 멸망한 사람들입니다. 그럼 이 죽은 자들이 언제 다시 살아날 수 있을까요? 예수님의 재림 후에 천 년이 지나면 악인들이 다시 살 것을 말씀하고 있습니다. 세상에는 신학적 교리로 전천년설, 후천년설, 무천년설 등이 있으나, 성경은 그리스도께서 자기의 백성을 위해 처소를 준비하시고 재림하시기 전에는 천년기가 절대 시작되지 않는다고 말합니다. 사실 "천년기"라는 용어는(천년왕국이라고도 합니다) 성경에 없는 신학적 용어입니다. 어떤 이들은 이 지상에서 평화와 번영의 복(福)천년이 있을 것으로 믿는데, 이것은 성경의 가르침이 아닙니다. 사탄은 천년기와 관련하여, 그릇된 것을 옳은 것으로 사람들이 받아들이도록 전력을 다 기울이고 있습니다. 오늘날 이러한 행태는 더욱 놀랍도록 사람들을 거짓으로 미혹하고 있습니다. 이 천년기의 시작점과 끝점에 ❶"**첫째 부활**"과 ❷"**둘째 부활**"이 있습니다.

"**둘째 부활**" 무엇인가요? 이 부활은 왜 필요하며 그 이유는 무엇입니까? 이것은 악인들의 부활입니다. 이들은 예수님께서 말씀하신 대로 무덤에서 "심판의 부활"로 일어나게 될 것입니다.

"이를 기이히 여기지 말라 무덤 속에 있는 자가 다 그의 음성을 들을 때가 오나니 선한 일을 행한 자는 생명의 부활로, **악한 일을 행한 자는 심판의 부활**로 나오리라"(요 5:28,29).

우리는 천년기의 시작점인 첫째 부활과 마지막 점인 둘째 부활을 성경으로 확인했습니다. 성경 그 어디에도 유대인 144,000명만을 위한 부활이 기록되어 있지 않습니다. 이런 문제가 "환란 전 휴거"를 주장하는 사람들이 교리로 해결이 안 되자, 결국 또 다른 교리를 만들어 성경에도 없는 "때와 시기"를 주장합니다. 그것은 바로 144,000명만을 위한 부활인 "셋째 부활"입니다. 그러나 성경에 144,000명만을 위한 "셋째 부활"이 기록되어 있는 곳은 단 한 군데도 없습니다. 그래서 이들은 144,000명의 부활의 시기와 때에 관하여 "침묵"하거나 다음과 같이 일관하고 있습니다.

그러한 사람들은 그들의 교리에 늘 어떤 문제가 생기면 "하나님의 권한"이라고 하거나 "몰라도 된다"고 합니다. 성경을 주신 목적은 깨닫고 알려주시기 위함이며, 특별히 마지막 때를 사는 그리스도인들에게는 "인봉"을 풀어주신다고 말씀합니다. 마지막 때라는 사실을 믿고 예수님 재림을 소망한다면, 성경은 말세를 만난 우리의 경계로 기록되었으며, 특별히 이 예언의 말씀을 읽고 듣고 그 가운데 모든 것을 지키는 자에게 복이 있는 것은 주님의 때가 가깝기 때문이라고 사도 요한은 교훈하고 있습니다. 만약 여러분의 교회에서 예수님의 재림 때가 얼마 남지 않았다고 하면서 이 예언의 말씀을 읽는 것과 권하는 것과 가르치는 것에 착념하지 않는다면 문제가 있는 것입니다. 그 이유는 이 모든 경계와 교훈의 말씀이 여러분에게 유익하지 않게 되며, 결국에는 굳세지 못해 꺾여지고 버림을 당한다는 경고가 여러분에게 응하게 될 것이기 때문입니다.

"이 예언의 말씀을 읽는 자와 듣는 자들과 그 가운데 기록한 것을 지키는 자들이 복이 있나니 때가 가까움이라"(계 1:3).
"저희에게 당한 이런 일이 거울이 되고 또한 말세를 만난 우리의 경계로 기록하였느니라"(고전 10:11).
"내가 이를 때까지 읽는 것과 권하는 것과 가르치는 것에 착념하라"(딤전 4:13).

또한, 목회자들이 "몰라도 된다"라는 그 부분에 대하여 예수님은 반드시 속히 될 일과 마땅히 일어날 일이며, 또한 과거 일과 현재 일과 장차 될 일을 빠짐없이 기록하라고 말씀하십니다.

"예수 그리스도의 계시라 이는 하나님이 그에게 주사 반드시 **속히 일어날 일들**을 그 종들에게 보이시려고 그의 천사를 그 종 요한에게 보내어 알게 하신 것이라"(계 1:1).

"이 일 후에 내가 보니 하늘에 열린 문이 있는데 내가 들은 바 처음에 내게 말하던 나팔 소리 같은 그 음성이 이르되 이리로 올라오라 이 후에 **마땅히 일어날 일**들을 내가 네게 보이리라 하시더라"(계 4:1).

"그러므로 네 본 것과 **이제 있는 일과 장차 될 일**을 기록하라"(계 1:19).

"또 그가 내게 말하기를 이 말은 신실하고 참된지라 주 곧 선지자들의 영의 하나님이 그의 종들에게 반드시 **속히 되어질 일**을 보이시려고 그의 천사를 보내셨도다"(계 22:6).

예수님께서 보여 주신 계시는 그리스도인이 알기에 부족함이 없으며 알지 못하게 기록하신 것이 아닙니다. 흑암의 세력이 하늘의 진리를 어둡게 할 때, 밝은 빛으로 인도하시기 위해 주님께서 예비하신 은혜의 말씀으로 사도들은 자신의 본 것을 다 증언하였습니다. 다니엘에게 마지막 때까지 간수하고 봉하라고 하신 말씀을 예수님의 재림이 가까운 오늘날 그 인봉의 말씀이 풀어지고 있습니다.

"그가 가로되 다니엘아 갈찌어다 대저 이 말은 **마지막 때까지 간수**하고 봉함할 것임이니라 많은 사람이 연단을 받아 스스로 정결케 하며 희게 할 것이나 악한 사람은 악을 행하리니 악한 자는 아무도 깨닫지 못하되 오직 **지혜 있는 자는 깨달으리라**"(단 9:9,10).

"요한은 하나님의 말씀과 예수 그리스도의 증거 곧 자기가 **본 것을 다 증언하였느니라**"(계 1:2).

"또 내게 말하되 이 책의 예언의 말씀을 **인봉하지 말라 때가 가까우니라**"(계 22:10).

성경을 자세히 읽어보고 상고해야 하는데, 복음은 또한 계시이기에 "

부활"의 말씀에 대하여 빠짐이 없어야 합니다. 특히 부활은 그리스도인들의 소망이며, 마지막 시대에 있을 가장 중요한 일이기에 더욱 그러합니다. 혹 여러분의 교회에서 "7년 환란 전" 부활도 "첫째 부활"이고, "7년 환란 후"에 있을 144,000명의 부활도 "첫째 부활"이라고 한다면, 그것은 방자히 한 말이며, 말씀을 가감하는 죄이며, 말씀을 억지로 푼다고 성경은 경고하고 있습니다. 그렇다면 천사장의 호령소리와 큰 나팔소리가 날 때 "무덤 속에 잠자는 자"들이 예수님의 음성을 들을 때가 오는데 이때 무덤에서 부활하는 자들은 누구일까요? 만약 14000인이 7년 환란 전에 부활하는 자들이라면 하늘이 떠나가며 천지가 진동하는 주님의 재림 광경으로 세상 사람들이 알 수 없는 "비밀휴거"가 될 수 없으며, 7년 환란 후에 부활하는 자들이라면 본인들이 휴거가 되기 위하여 먼저 죽은 자들의 부활이 있어야 하기 때문에 이러한 상황도 말씀과 맞지 않게 됩니다. 예수님께서 강림하시는 날은 천사장의 호령소리와 나팔소리와 천군 천사들과 함께 인류역사상 가장 놀랍고 격동의 날이 될 것입니다.

하나님의 나팔소리 천지 진동할 때에 예수 영광중에 구름 타시고
천사들을 세계 만국 모든 곳에 보내어 구원받은 성도들을 모으리
무덤 속에 잠자는 자 그때 다시 일어나 영화로운 부활 승리 얻으리
주가 택한 모든 성도 구름 타고 올라가 공중에서 주의 얼굴 뵈오리
주님 다시 오실 날을 우리 알 수 없으니 항상 기도하고 깨어 있어서
기쁨으로 보좌 앞에 우리 나가 서도록 그때까지 참고 기다리겠네
나팔 불 때 나의 이름 나팔 불 때 나의 이름
나팔 불 때 나의 이름 부를 때에 잔치 참여하겠네

4. 세상 끝에 있을 "추수"의 의미

마태복음 13장 24~30절과 36~43절에 나오는 알곡과 가라지의 비유는 현재 "환란 전 휴거"를 믿는 이에게는 불편한 말씀입니다. 그러나 그 비유에 대하여 예수님께서 분명하게 설명해주고 있습니다. 예수님께서는 재림하시기 전 추수하실 때 알곡을 먼저 곳간에 거두지 않으십니다. 세상 끝에는 반드시 알곡과 가라지가 같이 있습니다. 그리고 먼저 거두어질 것은 "가라지"입니다.

"둘 다 추수 때까지 함께 자라게 두어라 추수 때에 내가 추숫군들에게 말하기를 가라지는 먼저 거두어 불사르게 단으로 묶고 곡식은 모아 내 곳간에 넣으라 하리라"(마 13:30).

왜 그렇게 하시는 것일까요? 그것은 그동안 하나님의 경고와 책망에 대한 불신과 대적의 행위에 대한 결과를 보여주기 위한 것입니다. 하나님은 그 말씀 하신 바를 그 종들에게 보여주지 않고는 행하지 않는 분이시며, 또한 그리스도인들이 안내하고 사랑으로 전해왔던 참 진리를 그리스도인들이 확인하는 과정이 필요하기 때문입니다. 주님의 다시 오시는 때는 세상 끝이며, 추수 때이며, 혼인 잔치의 시기이며, 부활의 시기입니다.

"가라지를 심은 원수는 마귀요 추수 때는 세상 끝이요 추숫군은 천사들이니 그런즉 가라지를 거두어 불에 사르는 것 같이 세상 끝에도 그러하리라"(마 13:39,40).

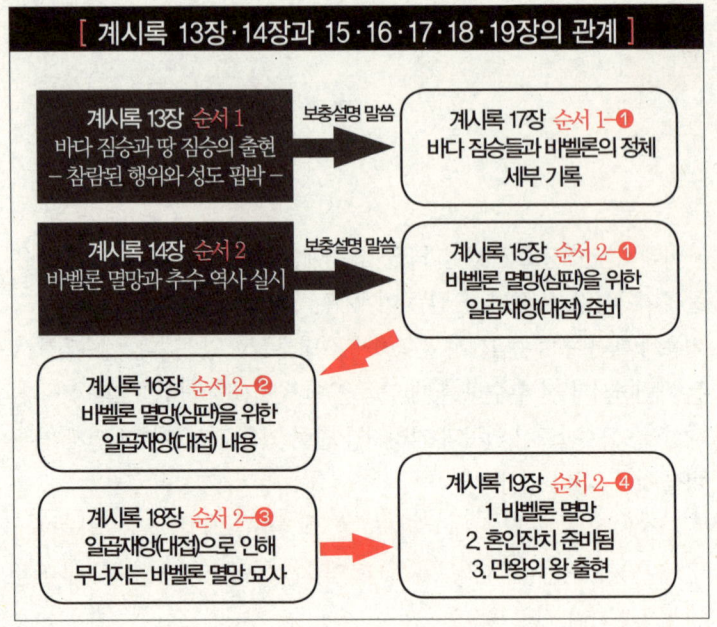

요한계시록 14장에는 모든 환란이 있은 후 "추수"가 있다고 합니다.

"또 내가 보니 흰 구름이 있고 구름 위에 사람의 아들과 같은 이가 앉았는데 그 머리에는 금 면류관이 있고 그 손에는 이한 낫을 가졌더라 또 다른 천사가 성전으로부터 나와 구름 위에 앉은 이를 향하여 큰 음성으로 외쳐 가로되 네 낫을 휘둘러 거두라 거둘 때가 이르러 땅에 곡식이 다 익었음이로다 하니 구름 위에 앉으신 이가 낫을 땅에 휘두르매 곡식이 거두어지니라"(계 14:14-16).

"추수할 때가 지나고 여름이 다 하였으나, 우리는 구원을 얻지 못한다 하더라"(렘 8:20).

5. 여러분은 첫 열매가 될 수 없습니다.

"저희가 보좌와 네 생물과 장로들 앞에서 새 노래를 부르니 땅에서 구속함을 얻은 십 사만 사천인 밖에는 능히 이 노래를 배울 자가 없더라 이 사람들은 여자로 더불어 더럽히지 아니하고 정절이 있는 자라 어린 양이 어디로 인도하든지 따라가는 자며 사람 가운데서 **구속을 받아 처음 익은 열매**로 하나님과 어린 양에게 속한 자들이니"(계 14:3,4).

"추수"라는 말은 모든 농부에게 의미 있는 말이듯이, 그리스도인들에게 "추수"는 참으로 가슴 떨리고 벅찬 말씀입니다. 모든 알곡이 추수되는 그 날이 누구는 영원한 삶이 시작되는 날인 반면, 누구는 기록된 형벌이 시작되는 날입니다. 누구는 상을 받는 날인 반면, 누구는 벌을 받는 날이요, 누구는 영광의 날인 반면, 누구는 수치의 날이요, 누구는 알곡으로 인정받는 날인 반면, 누구는 쭉정이로 판정받는 날입니다.

예수님께서는 농사와 관련된 비유의 말씀을 많이 남기셨습니다. 이스라엘은 농사와 관련된 절기들이 있는데, 이 절기들에서 주님께서 말씀하신 세상 끝 추수의 시기와 방법을 배울 수 있습니다. 우리의 농사는 봄에 심고 가을에 추수하지만, 이스라엘은 우리와 반대로 가을에 심고 봄에 추수합니다. 하나님께서는 이스라엘 사람들에게 추수와 관련된 절기를 말씀하셨습니다. 그들은 추수에 앞서 가장 좋은 곡식과 열매를 먼저 거두어 첫 열매를 하나님께 드렸는데 이 절기들은 "무교절, 요

제절搖祭節, 칠칠절(오순절)또는 맥추절, 초막절 또는 수장절(장막절)" 이 있습니다.

"너는 매년 삼차 내게 절기를 지킬찌니라 너는 무교병의 절기를 지키라 내가 네게 명한대로 아빕월의 정한 때에 칠일 동안 무교병을 먹을찌니 이는 그 달에 네가 애굽에서 나왔음이라 빈 손으로 내게 보이지 말찌니라 맥추절을 지키라 이는 네가 수고하여 밭에 뿌린 것의 첫 열매를 거둠이니라 수장절을 지키라 이는 네가 수고하여 이룬 것을 연종에 밭에서부터 거두어 저장함이니라 너의 토지에서 처음 익은 열매의 첫 것을 가져다가 너의 하나님 여호와의 전에 드릴찌니라 너는 염소 새끼를 그 어미의 젖으로 삶지 말찌니라"(출 23:14-19).

"여호와께서 모세에게 일러 가라사대 이스라엘 자손에게 고하여 이르라 너희는 내가 너희에게 주는 땅에 들어가서 너희의 곡물을 거둘 때에 우선 너희의 곡물의 첫 이삭 한 단을 제사장에게로 가져갈 것이요 제사장은 너희를 위하여 그 단을 여호와 앞에 열납되도록 흔들되 안식일 이튿날에 흔들 것이며 너희는 너희 하나님께 예물을 가져오는 그날까지 떡이든지 볶은 곡식이든지 생 이삭이든지 먹지 말찌니 이는 너희가 그 거하는 각처에서 대대로 지킬 영원한 규례니라"(레 23:9-11,14).

위의 성경 구절에서 알 수 있는 한 가지 흥미 있는 사실은, 하나님께서 이스라엘 백성 중 모든 남자라면 반드시 예루살렘에 올라가서 지키라고 명령하신 삼대 절기에는 꼭 첫 열매를 드리는 의식이 먼저 있어야 한다는 사실입니다. 다시 말해서, 무교절과 오순절과 장막절은 보리와 밀과 나무 열매들을 추수하는 계절에 들어 있는데, 각 절기에서 첫 열매를 드리는 일이 반드시 먼저 있지 않고서는 추수가 시작될 수 없다는 사실을 하나님께서 말씀하고 계십니다. 이 교훈은 우리에게 무엇을 말해 주는 것일까요?

첫 열매가 먼저 준비되지 않고서는, 추수를 시작할 수가 없다는 것입니다. 첫 열매는 밭에서 제일 먼저 익고 가장 좋은 최상의 상품이어야 합니다. 성경의 역사를 보면, 하나님께서는 온 세상을 추수하시기 위하여 항상 그 세대에 영적인 첫 열매들을 먼저 준비시키시고, 그 첫 열매들이 알곡이 된 이후에, 그들을 통하여 세상을 추수한 사실을 알 수 있습니다.

"첫 열매"의 교훈

대상	말씀 의미	영적 의미
구약의 이스라엘	여호와의 성물 중 처음 열매	온 세상에 하나님을 증거할 첫 열매
초대교회 (유대인+이방인)	성령의 처음 익은 열매	보혜사 및 세상 복음 전파 증인의 첫 열매
예수님	잠자는 자(죽은 자)들의 첫 열매	죄와 사망 권세를 이긴 증거의 첫 열매
144,000인	땅과 사람 가운데 구속함을 받은 첫 열매	모든 첫 열매들의 증거를 전할 첫 열매

❶ 이스라엘은 온 세상에서 하나님을 증거하고 추수를 대표하는 하나님을 향한 첫 열매였습니다.

"그 때에 이스라엘은 나 여호와의 성물 곧 나의 소산 중 **처음 열매**가 되었나니 그를 삼키는 자면 다 벌을 받아 재앙을 만났으리라 여호와의 말이니라"(렘 2:3).

❷ 초대 교회는 온 세상의 추수를 위해 드려진 첫 열매였고, 초대 교회

의 그리스도인들은 성령의 처음 익은 열매들이었습니다.

"그가 그 조물 중에 우리로 한 **첫 열매**가 되게 하시려고 자기의 뜻을 좇아 진리의 말씀으로 우리를 낳으셨느니라"(약 1:18).

"피조물이 다 이제까지 함께 탄식하며 함께 고통하는 것을 우리가 아나니 이뿐 아니라 또한 우리 곧 성령의 **처음 익은 열매**를 받은 우리까지도 속으로 탄식하여 양자 될 것 곧 우리 몸의 구속을 기다리느니라"(롬 8:22,23).

❸ 예수 그리스도는 첫째 부활의 아침에 일어날 모든 잠자는 자들의 첫 열매이셨습니다.

"그러나 이제 그리스도께서 죽은 자 가운데서 다시 살아 잠자는 자들의 첫 열매가 되셨도다"(고전 15:20).

예수님의 부활이 없었으면, 의인들의 부활도 있을 수 없습니다. 또한, 초대교회는 온 세상을 향한 복음을 위한 첫 열매였습니다. 그들이 먼저 성령을 받고 준비되는 일이 없었더라면 온 세상에 복음이 전파되는 일이 없었을 것입니다. 온 세상에 복음이 다 전파되었다는 그 말의 의미는 무엇일까요? 예수님께서는 온 세상에 복음이 전파되어야 세상 끝이 온다고 하셨는데, "언제 온 세상에 복음이 전파될까요?" 성경은 온 세상에 복음이 한 번은 전파되었음을 두 번이나 기록해 놓았습니다.

"첫째는 내가 예수 그리스도로 말미암아 너희 모든 사람을 인하여 내 하나님께 감사함은 **너희 믿음이 온 세상에 전파됨**이로다"(롬 1:8).

"만일 너희가 믿음에 거하고 터 위에 굳게 서서 너희 들은바 복음의 소망에서 흔들리지 아니하면 그리하리라 **이 복음은 천하 만민에게 전파된 바**요 나 바울은 이 복음의 일군이 되었노라"(골 1:23).

그러면 마태복음 24장 14절의 말씀은 무슨 뜻일까요?

"그러나 끝까지 견디는 자는 구원을 얻으리라 이 천국 복음이 모든 민족에게 증거되기 위하여 온 세상에 전파되리니 그제야 끝이 오리라"(마 24:13,14).

열쇠는 13절에 "끝까지 견디는 자는 구원을 얻으리라." 라는 말씀에 있습니다. 모든 성경은 우리에게 기록된 역사를 통해 교훈을 주십니다. 마지막 시대에 다시 한 번 복음역사의 증거가 초대교회와 같이 온 세상에 전파된다는 이 세상 마지막을 위한 교훈의 말씀입니다. 이렇게 추수에 관한 이해와 말씀만 보더라도 "환란 전 휴거"가 얼마나 비성경적인 교리인 줄 알 수 있습니다. 7년 환란설의 주장대로라면 환란 전에 휴거되어 올라간 성도들이 땅에서 구속을 받아 처음 익은 열매의 명칭을 받아야 하는 것이 타당합니다. 그러나 그들은 처음 익은 열매가 될 수가 없습니다. 왜냐하면 하나님께서는 144,000을 "땅과 사람 가운데서 구속을 받아 처음 익은 열매"로 부르시기 때문입니다. 144,000의 특징은 사람 가운데서 구속을 받아 처음 익은 열매이며, 하나님 앞에 타나 흠이나, 주름 잡힌 것이 없는 온전한 신앙을 가진 자들입니다.

"저희가 보좌와 네 생물과 장로들 앞에서 새 노래를 부르니 땅에서 구속함을 얻은 십사만 사천인 밖에는 능히 이 노래를 배울 자가 없더라 이 사람들은 여자로 더불어 더럽히지 아니하고 정절이 있는 자라 어린 양이 어디로 인도하든지 따라가는 자며 **사람 가운데서 구속을 받아 처음 익은 열매**로 하나님과 어린 양에게 속한 자들이니"(계 14:3,4).

그러면 지금 예수님의 재림을 기다리는 그리스도인은 도대체 무슨 열매입니까? 잠자는 자들의 열매도 아니고, 땅과 사람 가운데서 구속을 받아 처음 익은 열매도 아니고, 시대마다 첫 열매가 달랐으니 7년 환란 전에 휴거되는 사람도 첫 열매고, 환란 기간에 죽은 144,000명의 사람도 첫 열매라고 생각합니까? 하나님께서는 반드시 첫 열매의 비유를 통해 추수할 영적 대상을 설명하셨습니다. 하나님께서는 마지막 시대에 땅과 사람들 가운데 구속함을 받아 첫 열매의 증거를 가진 144,000을 통해 세상에서 변질되지 않은 "영원한 복음"을 다시 온 세상 사람들에게 전하실 것이며, 이를 통해 추수를 준비하실 것입니다.

6 세상 끝에 있을 "혼인 잔치"의 의미

이번에는 환란 전 휴거 후에 있을 천국 잔치를 생각해 보고자 합니다. 여러분은 7년 환란 전에 "휴거"되어 올라가서 7년 동안 "천국 잔치"에 참여할 것이라 믿으시나요? 이유를 불문하고 천국에서 잔치하거나 잔치를 준비 중인 사람들 모두 기쁘고 즐거운 마음은 같을 것입니다. 그러나 한 번 생각해 볼 것이 있습니다. 하늘에는 심각한 송사가 있다는 것입니다. 무슨 송사일까요?

"다섯째 인을 떼실 때에 내가 보니 하나님의 말씀과 저희의 가진 증거를 인하여 죽임을 당한 영혼들이 제단 아래 있어 큰 소리로 불러 가로되 거룩하고 참되신 **대주재여 땅에 거하는 자들을 심판하여 우리 피를 신원하여**

주지 아니하시기를 어느 때까지 하시려나이까 하니 각각 저희에게 흰 두루마기를 주시며 가라사대 아직 잠시 동안 쉬되 저희 동무 종들과 형제들도 자기처럼 죽임을 받아 그 수가 차기까지 하라 하시더라"(계 6:9-11).

제단 아래에서 피 흘려 죽은 성도들이 원한을 풀어달라고 요청하고 있는데, 환란 전에 올라간 성도들은 기쁨에 넘쳐서 천국 잔치에 온전히 참여할 수 있을까요? 한쪽에서 심각한 재판이 열리고 있는데, 마음 편하게 천국 잔치를 즐길 사람이 얼마나 될까? 하는 생각이 듭니다. 더군다나, 어떤 사람은 그냥 세상에서 있다가(고난당하신 분들도 계셨겠지만, 창세 이후 개국 이래 없던 환란하고는 비교되겠습니까?) 환란 전에 다 올라갔는데, 지금 제단 아래에서 하나님의 말씀과 증거를 인하여 피 흘린 원한에 대한 심판을 요청하는 성도는 휴거한 성도보다 훨씬 더 많은 고난과 핍박의 삶을 산 믿음의 선진들입니다. 환란 전에 올라간 사람을 더욱 당황스럽고 놀랍게 하는 것은 그 뒤에 하시는 하나님의 말씀입니다.

"저희 동무 종들과 형제들도 자기처럼 죽임을 받아
그 수가 차면 갚아 주리라!"

이것은 무슨 말씀일까요? 지금까지 기독교 역사상 최소 6천만 명 이상의 순교자가 있었다고 하는데 세상에서 죽임을 당한 수가 하나님께서는 부족하다 하십니다. 하나님께서 생각하신 죽임을 받는 성도 수가 다 차면, 그때 갚아 주겠다 하십니다. 또한, 여기서 잠깐 생각할 것이 있습니다. 환란 기간 중 유대인 144,000만 순교한다고 하였고, 유대인에게만 복음이 다시 전해진다고 하였지만 성경은 그렇게 기록이 되어 있지 않습니다. 지금까지 순교한 사람은 우리가 알고 있는 유대인보다는 세상 각 나라 사람들 즉 이방인들이 더 많습니다. 그 죽임을 당한 영혼들의 "동무 종들과 형제들"이라고 하나님은 말씀하십니다. 유대인만이 아닌 것이 확실하지 않습니까? 앞으로 하나님께서 지상의 성도들이 더 죽어야 하겠다는데 천국 잔치에 간 사람들이 "나 몰라라" 하고 잔치에 참여할 수 있을 정도로 무정하고 무자비한 사람들일까요? 같이 걱정하고 그들이 힘 있게 믿음을 지킬 수 있도록 기도하고 간구하는 일이 하늘에서의 정상적인 삶이 아니겠습니까? 지금 세상에서 창세 이후로 하나님과 사탄과의 최후 전쟁이 벌어지므로 하나님과 모든 성도와 천군 천사들이 긴장하고 있습니다.

"용이 여자에게 분노하여 돌아가서 그 여자의 남은 자손 곧 하나님의 계명을 지키며 예수의 증거를 가진 자들로 **더불어 싸우려고** 바다 모래 위에 섰더라"(계 12:17).

이 말씀대로 전쟁이 벌어져 세상에서는 죽는 성도가 나오기 시작합니다.
"또 내가 들으니 하늘에서 음성이 나서 가로되 기록하라 **지금 이후로 주 안에서 죽는 자들은 복이 있도다** 하시매 성령이 가라사대 그러하다 저희 수고를 그치고 쉬리니 이는 저희의 행한 일이 따름이라 하시더라"(계 14:13).

하늘에서 예수님과 천군 천사들의 마음이 어떠할까요? 초상집에서 웃고 다니는 것은 예의에 어긋나는 행동입니다. 하물며 지상에서 성도들이 순교를 당하고 있는데 하늘에서는 잔치로 즐거워할 수 있을까요? 이제 세상의 마지막 영적 싸움이 끝나면서 모든 동무 종들과 형제들의 죽음의 수가 차면 성도들이 신원하였던 그 핏값을 하나님께서 갚아 주실 것이며 그때 가서야 비로소 성도들은 즐거워할 수가 있을 것입니다.
"하늘과 성도들과 사도들과 선지자들아 그를 인하여 즐거워하라 하나님이 너희를 신원하시는 심판을 그에게 하셨음이라 하더라"(계 18:20).

그래서 그런 전쟁과 피 흘림과 핏값을 갚으신 후, 실제로 "혼인 잔치"는 요한계시록 19장에 나오고 있습니다. 요한계시록 19장에 모든 환란이 있은 후 신부가 예비 되고, 드디어 모든 그리스도인의 소망인 "혼인 잔치"가 시작됩니다.
"우리가 즐거워하고 크게 기뻐하여 그에게 영광을 돌리세 **어린 양의 혼인 기약이 이르렀고 그 아내가 예비하였으니** 그에게 허락하사 빛나고 깨끗한 세마포를 입게 하셨은즉 이 세마포는 성도들의 옳은 행실이로다 하더라 천사가 내게 말하기를 기록하라 어린 양의 혼인 잔치에 청함을 입은 자들이 복이 있도다 하고 또 내게 말하되 이것은 하나님의 참되신 말씀이라 하기로"(계 19:7-9).

환란 전 휴거를 믿는 사람들의 혼인 잔치는 신부가 준비되는 시기도 맞지 않으며, 앞으로 흘릴 성도들의 고귀한 피에 대해 무정하고 무자비한 이상한 혼인 잔치가 될 것입니다. 그러므로 7년 환란 전 교리는 성경적으로 전혀 맞지 않는 말입니다.

7 예수님과 사도들이 증거한 재림의 말씀 두 번인가? 세 번인가?

　성경상 교리를 만들고 확정할 때 성경 한 절, 두 절씩만 가지고 설명하면 안 됩니다. 성경 전체의 내용과 상징적 쓰임을 가지고 연구해서 어떤 교리를 확립해야지, 어느 표현 한 가지에 연연하고 매달리면 안 됩니다. 성경 전체를 볼 때 하나님께서 상징하고 뜻한 말씀의 의미가 일관되어야 "진리"라고 말할 수 있습니다. 예수님의 재림에 대한 말씀을 모두 모아보면, 오늘날 오해되는 말씀이 이해하기 쉬울 것입니다. 그 이유는 **예수님과 사도들의 말씀에 비밀리에 한 번 오셨다가, 7년 뒤에 다시 오신다는 교리를 뒷받침할 수 있는 근거가 전혀 없기 때문입니다.** 따로따로 떨어져 있는 재림의 말씀들을 모두 한곳에 모아보니 "퍼즐게임" 같기도 합니다. 예수님과 사도들의 말씀 중에서 서로 관계있는 말씀들을 **화살표**로 연결해 보기 바랍니다. 그리고 말씀을 상고하면 정확한 의미를 알 수 있을 것입니다.

[재림 말씀 비교]

예수님 말씀

- 요한복음 5:25
  무덤 속에서
  생명의 부활과 심판의 부활 분리

- 요한복음 6:39
  마지막 날에 다시 살리심

- 마태복음 13:39
  세상 끝이 추수며
  가라지와 알곡의 분리

- 마태복음 13:47
  세상 끝에
  좋은 물고기와 못된 물고기 분리

- 마태복음 22:2
  혼인 잔치의 예복 입은 자와
  안 입은 자 분리

- 마태복음 24:30
  인자의 징조, 땅의 모든 족속 통곡,
  구름타고 오심, 나팔소리와 천사들
  을 보내 택하신 자들의 모으심

- 마태복음 24:37
  노아의 때 노아 식구와 세상 사람
  / 한 사람 데려감과 한 사람 버려둠
  의 분리

- 마태복음 25:1
  슬기로운 처녀와 미련한 처녀의 분리

- 마태복음 25:32
  모든 민족을 양과 염소로 분리

- 누가복음 17:28
  롯의 때 롯의 식구와
  소돔, 고모라 백성 분리

사도들 말씀

- 사도행전 1:11
  본 그대로 오시리라

- 고린도전서 15:20
  죽은 자의 부활

- 고린도전서 15:51
  마지막 나팔 : 죽은 자들이 살고,
  우리도 변화

- 데살로니가전서 4:16
  호령(큰 소리), 천사장 소리,
  나팔로 친히 강림, 죽은 자들이 먼저
  일어나고, 그 후에 우리 살아남은 자
  도 공중에서 주님 영접

- 히브리서 9:27
  구원과 심판하시러 두 번째 오심

- 요한계시록 1:7
  구름을 타고 오심: 모든 족속이 애곡

- 요한계시록 14:15
  곡식의 추수와 진노의 포도주 심판

- 요한계시록 19:7
  혼인 잔치와 진노의 포도주 심판

서로 관계있는 말씀들을 화살표로 연결해서 확인해 볼까요?

요한복음 5장 25절 말씀은, 무덤 속에서 생명의 부활과 심판의 부활로서 고린도전서 15장과 데살로니가전서 4장의 죽은 자들의 부활에 대한 말씀과 같습니다.

요한복음 6장 39절 말씀은, 마지막 날에 다시 살리신다는 말씀으로 요한복음 5장 말씀과 같습니다.

마태복음 13장 39절 말씀은, 세상 끝이 추수며 가라지와 알곡으로 분리되는 말씀으로 요한계시록 14장의 추수에 대한 말씀과 연결됩니다.

마태복음 13장 47절 말씀은, 세상 끝에 좋은 물고기와 못된 물고기 분리로서 마태복음 13장 추수 교훈과 같습니다.

마태복음 22장 2절 말씀은, 혼인 잔치의 예복 입은 자와 안 입은 자의 말씀으로서 요한계시록 19장의 혼인 잔치와 연결됩니다.

마태복음 24장 30절 말씀은, 인자의 징조, 땅의 모든 족속의 통곡, 구름 타고 오심, 나팔 소리와 천사들을 보내 택하신 자들을 모으신다는 상징으로 사도행전 1장의 주님의 오심과 고린도전서 15장 마지막 나팔과 데살로니가전서 4장 말씀하고 너무나 똑같은 말씀입니다.

마태복음 24장 37절 말씀은, 노아의 때 노아 식구와 세상 사람의 분리, 한 사람은 데려감과 한 사람은 버려둠의 분리로서 히브리서 9장 27절 말씀의 구원과 심판하시러 두 번째 오심으로 믿는 자와 믿지 않는 자의 분리와 같은 교훈입니다.

마태복음 25장 1절 말씀은, 슬기로운 처녀와 미련한 처녀의 교훈으로서 요한계시록 19장 혼인 잔치의 말씀과 같습니다.

마태복음 25장 32절은, 모든 민족을 양과 염소로 분리한다는 말씀으로서 히브리서 9장 말씀의 두 번째 오시는 심판자로서의 주님을 상징합니다.

[재림 말씀 비교]

예수님 말씀

- 요한복음 5:25
  무덤 속에서
  생명의 부활과 심판의 부활 분리

- 요한복음 6:39
  마지막 날에 다시 살리심

- 마태복음 13:39
  세상 끝이 추수며
  가라지와 알곡의 분리

- 마태복음 13:47
  세상 끝에
  좋은 물고기와 못된 물고기 분리

- 마태복음 22:2
  혼인 잔치의 예복 입은 자와
  안 입은 자 분리

- 마태복음 24:30
  인자의 징조, 땅의 모든 족속 통곡,
  구름타고 오심, 나팔소리와 천사들
  을 보내 택하신 자들의 모으심

- 마태복음 24:37
  노아의 때 노아 식구와 세상 사람
  / 한 사람 데려감과 한 사람 버려둠
  의 분리

- 마태복음 25:1
  슬기로운 처녀와 미련한 처녀의 분리

- 마태복음 25:32
  모든 민족을 양과 염소로 분리

- 누가복음 17:28
  롯의 때 롯의 식구와
  소돔, 고모라 백성 분리

사도들 말씀

- 사도행전 1:11
  본 그대로 오시리라

- 고린도전서 15:20
  죽은 자의 부활

- 고린도전서 15:51
  마지막 나팔 : 죽은 자들이 살고,
  우리도 변화

- 데살로니가전서 4:16
  호령(큰 소리), 천사장 소리,
  나팔로 친히 강림, 죽은 자들이 먼저
  일어나고, 그 후에 우리 살아남은 자
  도 공중에서 주님 영접

- 히브리서 9:27
  구원과 심판하시러 두 번째 오심

- 요한계시록 1:7
  구름을 타고 오심: 모든 족속이 애곡

- 요한계시록 14:15
  곡식의 추수와 진노의 포도주 심판

- 요한계시록 19:7
  혼인 잔치와 진노의 포도주 심판

누가복음 17장 28절 말씀은, 인자의 날을 교훈하면서 롯의 때처럼 롯의 식구와 소돔 고모라 백성을 분리하는 말씀으로서 히브리서 9장 말씀의 심판 교훈과 같습니다.

누가복음 17장 28절 말씀은, 인자의 날의 교훈하시면서 롯의 때처럼 롯의 식구와 소돔 고모라 백성을 분리하는 말씀으로서 히브리서 9장 말씀의 심판 교훈과 같습니다.

관계있는 말씀끼리 연결해 보면 주님께서 7년 환란 전에 오셨다가 다시 7년 환란 끝에 오신다는 의미와 약속은 어디에도 없습니다.

"한번 죽는 것은 사람에게 정하신 것이요 그 후에는 심판이 있으리니 이와 같이 그리스도도 많은 사람의 죄를 담당하시려고 단번에 드리신바 되셨고 구원에 이르게 하기 위하여 죄와 상관 없이 자기를 바라는 자들에게 **두번째 나타나시리라**"(히 9:27,28).

예수님께서 말씀하신 재림의 약속과 사도들의 재림의 말씀에는 비밀리에 한번 오셨다가, 7년 뒤에 다시 오시겠다는 말씀의 교리를 뒷받침할 수 있는 근거가 명확하게 없습니다. 하지만 예수님께서 두 번 오십니다. 그 한 번은 2000여 년 전에 고난의 메시아로 우리 죄를 담당하러 오셨고, 이제 언약하신 대로 처소를 준비하신 예수님께서 자기를 바라는 자들에게 두 번째 영광의 메시아로 오실 것입니다. 이것은 언약입니다. 불변입니다. 진리입니다.

**그러므로 7년 환란 전에 깜짝스런 휴거는
성경 어디에도 없는 사람들이 공교히 만든 교리입니다.**
말씀이 그것을 증거하고 있습니다.

8. 번개처럼 오신다는 의미: 심판

한 교인이 환란 전 휴거에 대한 교리적 말씀을 종합해서 자신이 다니고 있는 교회의 목회자에게 조목조목 질문하면서, 어느 말씀이 7년 환란 전에 오시는 말씀인가 물었더니 그 목회자가 고민 고민하다 "번개"같이 오신다는 말씀이 7년 환란 전에 오시는 말씀이라고 했다고 합니다. 마태복음 24장 말씀에 나오는 "번개"가 7년 환란에 번개같이 오셨다가 믿는 자들을 번개같이 데려가신다고 합니다.

"번개가 동편에서 나서 서편까지 번쩍임 같이 인자의 임함도 그러하리라 주검이 있는 곳에는 독수리들이 모일찌니라"(마 24:27,28).

그 목회자는 결국 구름 타고 오시고 죽은 자들이 무덤에서 일어난다는 말씀은 7년 환란 끝에 있을 말씀이며 그 날이 마지막 날이라고 시인하였지만, 반면에 마태복음 24장에 나오는 "번개"라는 말씀은 환란 전 "비밀휴거"를 증거하는 말씀이라고 합니다.

그동안 줄곧 그는 7년 환란 전에 예수님께서 구름 타고 오시고 죽은 자들이 먼저 부활하고 그 다음에 우리 살아남은 그리스도인이 휴거된다고 하다가, 결국에는 말씀에 맞지 않자 모든 내용을 인정하고 자신의 교리를 포기하는 듯하였지만, 곧이어 그러한 일들은 7년 환란 후에 있을 일들로 말을 바꾸더니 결국 찾아낸 말씀이 주님께서 "번개"같이 오시니까 그리스도인들도 번개같이 환란 전에 하늘에 간다고 합니다. 그러나 살아남은 자들이 휴거되기 위해서는 먼저 죽은 자들이 무덤에서 일어나고, 그 다음에 지상에 남은 자들이 휴거되어 올라가야 하는데, 본인이 먼저 번개같이 올라간다면 성경의 가장 기초적인 "부활"에 관한 성경의 가르침을 오해하거나 더 나아가 말씀을 왜곡하고 있는 증거입니다.

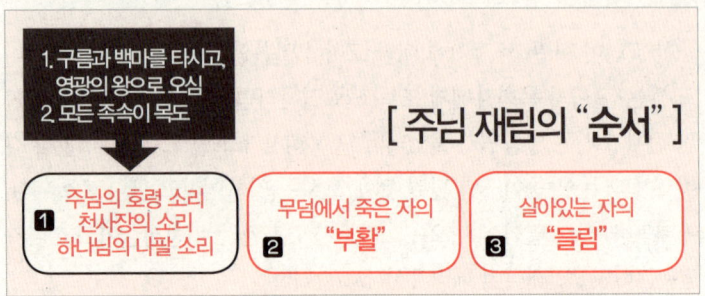

물론 예수님께서는 인자의 임함에 관해서 번개와 같이 임하신다고 설명하여 주셨습니다. 성경에서 번개의 상징은 하나님께서 세상 사람들에 대한 심판과 징계로 표현되어 있으며, 또한 마태복음 16장 27절에는 아버지의 영광으로 오신다고 하셨습니다. 초림의 예수님은 세상 죄를 대속하기 위하여 하늘 영광을 모두 버리시고 고난의 메시아로 오셨지만, 두 번째 재림하시는 예수님은 영광의 왕, 만왕의 왕으로서 하나님의 영광으로 오십니다.

"번개가 하늘 아래 이편에서 번뜻하여 하늘 아래 저편까지 비침 같이 **인자도 자기 날에 그러하리라**"(눅 17:24).

그분은 선이시고 어둠이 없는 하나님이신데, 그 영광 앞에 누가 능히 설 수 있겠습니까? 악인들은 하나님 앞에 설 자리도 없을뿐더러 그 영광 앞에 죽을 수밖에 없습니다. 하나님을 보고 살 자가 없는 것입니다. 예수님께서 말씀하신 주님이 다시 오시는 날은 선지자와 사도들을 통해 "인자의 날", "하나님의 날", "여호와의 날", "심판의 날"이라 불리며, 이는 "세상 끝 날"입니다. 두 번째 오실 때는 의인과 악인이 나누어지며, 영생과 영벌로 나누어지며, 살 자와 죽을 자들이 나누어지게 되는 것입니다.

*심판으로 쓰이는 '번개'의 상징

"뭇 백성이 우뢰와 **번개**와 나팔소리와 산의 연기를 본지라 그들이 볼 때에 떨며 멀리 서서 모세에게 이르되 당신이 우리에게 말씀하소서 우리가 들으리이다 하나님이 우리에게 말씀하시지 말게 하소서 **우리가 죽을까 하나이다**"(출 20:18).
"그가 **번개** 빛으로 자기의 사면에 두르시며 바다 밑도 가리우시며 이런 것들로 **만민을 징벌하시며** 이런 것들로 식물을 풍비히 주시느니라"(욥 36:30,31).
"그 살을 날려 저희를 흩으심이여 많은 **번개로 파하셨도다**"(시 18:14).
"그의 번개가 세계를 비추니 땅이 **보고 떨었도다**"(시 97:4).
"**번개**를 번득이사 대적을 흩으시며 주의 살을 발하사 저희를 **파하소서**"(시 144:6).

하나님의 보좌로부터 번개와 음성이 있다고 기록되어 있습니다. 예수님께서 재림하실 때 하나님의 보좌로부터 번개와 음성이 있을 것이며 이는 심판을 상징합니다.
"**보좌로부터 번개**와 음성과 뇌성이 나고 보좌 앞에 일곱 등불 켠 것이 있으니 이는 하나님의 일곱 영이라"(계 4:5).

더욱 확실한 것은 일곱째 인, 일곱째 나팔, 일곱째 대접은 예수님께서 재림하실 때 이 세상이 멸망하는 것을 상징하는 말씀이며 동시에 심판 때에 번개가 있을 것을 증거하고 있습니다.

"**일곱째 인**을 떼실 때에 하늘이 반시 동안쯤 고요하더니, 천사가 향로를 가지고 단 위의 불을 담아다가 땅에 쏟으매 **뇌성과 음성과 번개**와 지진이 나더라"(계 8:1,5).

"**일곱째 천사가 나팔**을 불매 하늘에 큰 음성들이 나서 가로되 세상 나라가 우리 주와 그 그리스도의 나라가 되어 그가 세세토록 왕 노릇 하시리로다 하니 이에 하늘에 있는 하나님의 성전이 열리니 성전 안에 하나님의 언약궤가 보이며 또 **번개와 음성들과 뇌성**과 지진과 큰 우박이 있더라"(계 11:15,19).

"**일곱째가 그 대접**을 공기 가운데 쏟으매 큰 음성이 성전에서 보좌로부터 나서 가로되 되었다 하니 **번개와 음성들과 뇌성**이 있고 또 큰 지진이 있어 어찌 큰지 사람이 땅에 있어 옴으로 이같이 큰 지진이 없었더라"(계 16:17,18).

기록하신 대로 인자의 날인 심판의 날에 예수님께서는 그 보좌에 있는 번개와 뇌성과 음성으로 세상을 심판하실 것입니다. 번개처럼 오신다는 의미를 7년 환란 전에 "비밀 깜짝 휴거"로 성도들을 데리고 간다고 해석한다면 그것은 성경적으로 이해되지 않는 억지해석입니다. 예수님께서 무슨 부끄러움과 잘못이 있어서 죄인처럼 그렇게 자신의 백성을 빚진 자가 야반도주하듯 데리고 가려 하십니까? 우리 주 예수님께서 재림하실 때는 구름을 타시고 천군 천사와 함께 추수하라는 호령소리와 이에 답하는 천사장의 소리와 추수시기를 알리시는 하나님의 큰 나팔소리로 영광의 왕으로서 이 땅에 오실 것입니다. "번개"에 무슨 의미가 있는지 가장 이해하기 쉽게 예수님께서 말씀으로 풀어주셨습니다.

"**번개**가 동편에서 나서 서편까지 번쩍임 같이 인자의 임함도 그러하리라 **주검이 있는 곳에는 독수리들이 모일찌니라**"(마 24:27,28).

주검과 독수리, 독수리는 새를 대표하는 상징입니다. 이 말씀의 교훈과 유사한 말씀을 다음에서 확인할 수 있습니다.

"또 내가 보니 한 천사가 해에 서서 공중에 나는 **모든 새를 향하여** 큰 음성으로 외쳐 가로되 와서 하나님의 큰 잔치에 모여 왕들의 고기와 장군들의 고기와 장사들의 고기와 말들과 그 탄 자들의 고기와 자유한 자들이나 종들이나 무론대소하고 **모든 자의 고기를 먹으라** 하더라"(계 19:17,18).

이 말씀에서 혼인 잔치가 있음을 알 수 있으며, 그 혼인 잔치에 참여치 못한 사람들의 심판을 말씀하면서 인자의 임하는 때와 같은 교훈을 주십니다. 번개는 환란 전에 깜짝 휴거로 사람들을 데려간다는 뜻이 아니라, 심판자로 오시는 예수님을 상징하는 말씀입니다. 번개와 같이 오시는 인자의 임함에 세상에서 불신자와 말씀을 순종치 않은 사람들은 구약시대에 타락한 이스라엘 백성이 심판당할 때 "우리가 죽을까 하노라"는 말씀이 응하게 될 것이며 죽임을 당하여 시체가 될 것입니다. 심판자로 오신다는 번개의 말씀을 왜곡하거나 변경하지 마시기 바랍니다.

9 베드로전서와 히브리서의 예수님의 재림에 대한 교훈

2,000년 전 그리스도께서는 세상 죄를 대속하기 위해서 고난의 메시아로 초림하셨습니다. 이것은 하나님께서 정하신 것입니다. 이제 예수님께서는 죄와 상관없이 자기를 바라는 모든 자에게 영광의 모습으로 잘못 바라는 자들에게는 "심판자"로서 나타나십니다. 성경에 기록되기를 예수님의 재림 때는 노아의 때와 같다고 하며, 그때 물의 넘침으로 8명만 구원을 받았고 나머지는 다 멸망하였음을 교훈하고 계십니다.

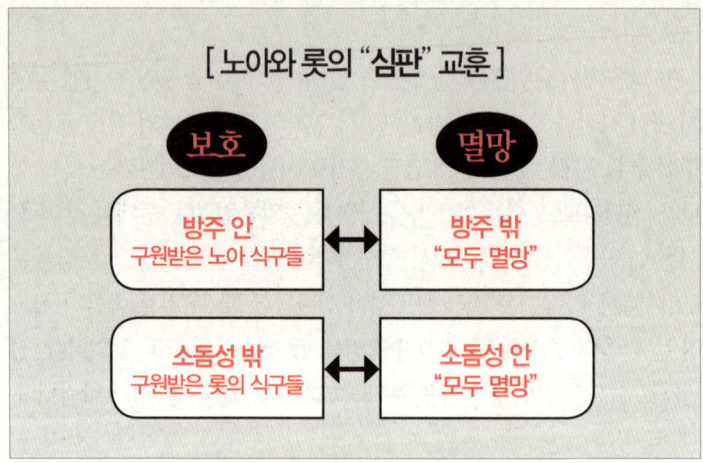

또한, 성경은 이처럼 동일하게 세상은 이제 불로 심판하신다는 말씀이 기록되어 있습니다. 창세 전부터 예비하신 예수님의 구원의 은혜를 그

종 선지자들이 그 때와 그 시를 부지런히 살피며 증거하며 소망하였습니다. 그 기록된 말씀대로 주님께서는 이 땅에 첫 번째로 고난의 메시아로 언약대로 오셨습니다. 이 은혜는 복음을 전하는 구약의 선지자로부터 오늘날 복음을 전하는 자들의 복된 소망이며 기쁨입니다. 그런데 특별히 오늘날 복음을 전하는 자들에게는 한 가지 사명이 더 있습니다. 우리는 첫 번째 고난으로 오신 주님을 전할 뿐만 아니라, 영광의 메시아로 오실 주님을 전할 사명이 하나 더 있습니다. 베드로는 이를 2000년 전에 첫 번째로 오신 고난의 메시아로서 주님을 증거하고 그 고난 뒤에 반드시 얻으실 영광으로 두 번째 메시아로 오실 것이라 증거하고 있습니다.

"이 구원에 대하여는 너희에게 임할 은혜를 예언하던 선지자들이 연구하고 부지런히 살펴서 자기 속에 계신 **그리스도의 영이 그 받으실 고난과 후에 얻으실 영광을 미리 증거**하여 어느 시, 어떠한 때를 지시하시는지 상고하니라"(벧전 1:10).

예수님께서는 2000년 전 초림 때 첫 번째, 7년 환란 전에 두 번째, 7년 환란 후에 세 번째 오시는 것이 아닙니다. 성경은 "두 번"으로 기록되었습니다. 그런데 불행하게도 사람들은 자신들의 유전과 계명과 자신들의 욕망과 욕심으로 인해 영광으로 오시는 주님의 "때와 법"을 변경하게 되었습니다. 영광의 예수님이 세 번 오신다고 만들었습니다. 예수님이 세 번 오신다는 그들에게 이런 질문을 하고 싶습니다.

"천사장의 호령과 나팔소리와 구름타고 오시는 예수님은
7년 환란 전에 오시나요? 아니면 7년 환란 후에 오시나요?"

예수님의 재림을 이해하기 쉽게 사람의 죽음의 예를 통해서 알려주시며, 하나님께서도 변경하실 수 없는 언약임을 설명하고 있습니다.

"**한번 죽는 것은 사람에게 정하신 것이요** 그 후에는 심판이 있으리니 이와 같이 그리스도도 많은 사람의 죄를 담당하시려고 단번에 드리신바 되셨고 구원에 이르게 하기 위하여 죄와 상관없이 자기를 바라는 자들에게 **두번째** 나타나시리라"(히 9:27,28).

사람이 죽는 것은 불변이며 진리입니다. 그 누구도 피할 수 없으며 그 뒤에는 심판이 있습니다. 히 9장 27절에서 "이와 같이"라는 말씀에 주목해야 하는데 "이와 같이"란 사람이 죽음을 피할 수 없으며 그것은 반드시 이루어지며 또한 "심판이 있다는 것과 같이" 라는 의미입니다. 이와 같이 예수님께서도 두 번 오시는데 그 뒤에 심판이 있음을 설명하시며 이것을 하나님께서 정하셨다고 히브리서 저자는 알기 쉽게 설명합니다. 구원에 이르게 하기 위해 오시는 예수님의 재림의 시기와 때는 하나님께서 친히 정하신 것입니다. 그 이외의 모든 것은 사람의 유전과 계명이며, 말씀을 혼동케 하는 바벨론이며 하나님을 대적하는 것입니다. 그리고 세상의 모든 징조가 "환란 전 휴거"가 잘못되었음을 조금만 생각해도 알 수 있는 시대가 되었습니다. 더구나 심판은 하나님께서 친히 정하신 것임을 상고하기 바랍니다. 예수님께서는 그리스도인들을 세상에서 데려감이 목적이 아니라, 세상에 남아있는 사탄과의 마지막 영적 전쟁에 대해서 그리스도인들이 주의 군사로서 담대히 이기기를 원하십니다.

"내가 아버지의 말씀을 저희에게 주었사오매 세상이 저희를 미워하였사오니 이는 내가 세상에 속하지 아니함 같이 저희도 세상에 속하지 아니함을 인함이니이다 내가 비옵는 것은 저희를 세상에서 데려가시기를 위함이 아니요 오직 악에 빠지지 않게 보전하시기를 위함이니이다"(요 17:14,15).

그러한 주님께서 세상 끝날까지 그리스도인들과 항상 함께하실 것을 약속하셨습니다. 여러분은 성경을 어떻게 보고, 무엇을 위해 기도하고, 어떠한 소망이 있습니까? 성령께서 성경을 통하여 주님의 재림과 시기에 관하여 눈과 마음 앞에 밝히 증거하기에 누가 여러분들을 꼬일 수 있을까요? 성경은 이 꾐을 받는 자들을 어리석은 자라고 하며 미련한 처녀로 교훈하고 있습니다. 히브리서 저자는 10장에 믿는 자들에게 인내가 필요함을 말씀하시며, 하나님의 뜻을 행한 후에 약속을 받는다고 말씀하셨습니다. 이러한 교훈은 동일하게 야고보서 1장 말씀에도 시험을 참는 인내를 통해 옳다 인정하심을 받은 후에 약속하신 생명의 면류관을 얻을 것이라고 말합니다. 환란을 통해 인내가 나오며, 인내를 통해 연단의 시험이 있으며 이는 소망을 이룬다고 모든 선지자와 믿음의 선진들이 증거하였습니다. 예수님께서 세상 끝날까지 그리스도인들과 함께하십니다.

"내가 너희에게 분부한 모든 것을 가르쳐 지키게 하라 볼찌어다 내가 세상 끝날까지 너희와 항상 함께 있으리라 하시니라"(마 28:20).

이제 7년 환란 전 휴거를 믿는 자들은 각자 믿은 믿음대로 심판을 받게 될 것입니다.

"네가 말하기를 나는 그것을 알지 못하였노라 할찌라도 마음을 저울질 하시는 이가 어찌 통찰하지 못하시겠으며 네 영혼을 지키시는 이가 어찌 알지 못하시겠느냐 그가 각 사람의 행위대로 보응하시리라"(잠 24:12).
"나 여호와는 심장을 살피며 폐부를 시험하고 각각 그 행위와 그 행실대로 보응하나니"(렘 17:10).

"외모로 보시지 않고 각 사람의 행위대로 판단하시는 자를 너희가 아버지라 부른즉 너희의 나그네로 있을 때를 두려움으로 지내라"(벧전 1:17).

"또 내가 사망으로 그의 자녀를 죽이리니 모든 교회가 나는 사람의 뜻과 마음을 살피는 자인줄 알찌라 내가 너희 각 사람의 행위대로 갚아 주리라"(계 2:23).

그러나 실상은 그들의 회개치 않는 고집과 진리가 왔음에도 순종치 않는 마음이 그들 스스로 올무에 걸리게 된 것입니다.

"혹 네가 하나님의 인자하심이 너를 인도하여 회개케 하심을 알지 못하여 그의 인자하심과 용납하심과 길이 참으심의 풍성함을 멸시하느뇨 다만 네 고집과 회개치 아니한 마음을 따라 진노의 날 곧 하나님의 의로우신 판단이 나타나는 그 날에 임할 진노를 네게 쌓는도다"(롬 2:4,5).

이미 그들 곁에는 성령께서 근심으로 기도하고 탄식하고 있었으나, 그들이 따르지 않은 결과이기도 합니다. 우리는 다른 어떤 신학적인 해석과 교리나 설명보다 예수님과 사도들의 가르침을 더욱 신뢰해야 합니다. 사람들의 유전과 교리에 맞추다 보니 성경에 없는 "셋째 부활"이 생기게 되었으며, 하나님께서 정하신 두 번을 넘어 예수님께서 "세 번" 오셔야 그리스도인들이 구원에 이르고 세상을 심판하시게 되었습니다. 왜 하나님께서 다니엘서에 굳이 적그리스도가 "때와 법"을 변경하고 성도들을 괴롭게 할 것이라고 경고하셨는지 우리 마음에 성령의 깨달음이 있으시기를 기도합니다.

"그가 장차 말로 지극히 높으신 자를 대적하며 또 지극히 높으신 자의 성도를 괴롭게 할 것이며 **그가 또 때와 법을 변개코자 할 것**이며 성도는 그의 손에 붙인바 되어 한 때와 두 때와 반 때를 지내리라"(단 7:25).

7년 환란 전 교리로 인해 무슨 때와 법이 변경되었습니까?
1. 적그리스도가 변경 되었습니다.
2. 환란의 의미가 변경 되었습니다.
3. 심판이 변경 되었습니다.
4. 휴거가 변경 되었습니다.
5. 때와 법이 변경 되었습니다.
6. 주님 재림이 변경 되었습니다.

우리의 추수와 혼인 잔치와 부활과 예수님 재림의 "때와 시기"는 언제입니까? 7년 환란 전입니까? 아니면 7년 환란 후입니까?

10 예수님의 재림(휴거) 후 남은 자들의 운명

가. 진리의 말씀을 들었을 때 그리스도인의 마음
우리가 성경 일부만 아니라 전체로 상고한다면 휴거와 세상 끝과 마지막 심판의 날에 대하여 더 잘 이해하고 정확하고 올바르게 정리될 것이며, 휴거에 관한 참된 진실이 이해가 될 것입니다. 의외로 단순한 의미입니다. 앞에서도 말씀드렸지만, 각각 말씀들이 떨어져 있어 그림이 보이지 않았을 뿐이지 모아서 보면 큰 그림이 보일 것입니다.

먼저 예수님은 이해하기 쉽게 재림과 휴거에 대해서 노아와 롯의 성경적 사실로 비유하여 주셨습니다. 7년 환란 전 휴거를 주장하는 목회자들은 본인의 주장을 입증하기 위해서 전체 문장의 문맥을 파악하지 않고 다음의 성경 절만을 사용합니다.

"노아의 때와 같이 인자의 임함도 그러하리라 홍수 전에 노아가 방주에 들어가던 날까지 사람들이 먹고 마시고 장가들고 시집가고 있으면서도 홍수가 나서 저희를 다 멸하기까지 깨닫지 못하였으니 인자의 임함도 이와 같으리라"(마 24:37-39).

말씀을 대할 때는 한두 구절만 보지 말고 그 장의 전체적인 문맥을 보면서 구절을 읽어보는 것이 성경을 볼 때의 바른 자세입니다. 일명 "쪽 성경"을 보다 보면 진정한 말씀의 의미를 잃어버리게 되는데 오늘날 하나님을 믿는다고 하는 대부분 사람의 현실이기도 합니다. 대부분 그리스도인은 자신의 신앙에 대하여 아무런 설명도 하지 못하면서 그저 하나님을 믿노라고 합니다. 그러한 사람들은 예수님의 가르침에 주의하거나 진실로 말씀이 그러한가 상고하지 않고 단지 목회자들의 말을 맹목적으로 믿습니다. 단지 시간이 없고 바쁘다는 이유로 각 개인의 영생을 불완전한 사람에게 의존하게 되었습니다. 어떻게 자신의 영혼을 사람들의 가르침에 맡길 수 있겠습니까?

결국 그들은 교회의 유전과 사람의 계명과 관습을 버릴 믿음의 용기가 부족하므로 유명한 교회 종교지도자들의 발자취를 따르게 되어 오류의 쇠사슬에 매이게 됩니다. 그리고 이 시대를 위한 진리가 성경에 분명히 제시되고 세상의 징조를 통해 증거하고 있음에도 그 진리를 증거할 때 귀를 닫고 눈을 감아 교회 지도자의 가르침에 맹종합니다. 그러므로 이성의 판단과 양심의 호소가 있을지라도 바벨론의 포도주에 취한 사람들은 계속 교회 지도자들의 가르침을 따라가므로 점점 더 진리에서 멀어지게 됩니다. 이것이 얼마나 본인 스스로 영혼의 눈과 귀를 닫는 것인 줄을 알지 못하고 있습니다.

　우리의 생애는 반드시 올바른 말씀을 토대로 이루어져야 합니다. 만일 우리 영혼에 진리의 빛이 비칠지라도 우리가 그것을 보고 듣고 행하기에 게을리하면 사실상 그것은 진리를 거절하는 것이며 빛 대신 어둠을 택하는 것이고 소금이 짠맛을 잃어버리는 것입니다. 대부분 교회에서 가르치는 교리는 사람의 생각이나 신학자들의 이론을 중심으로 만든 것입니다. 그들은 자신들이 선택한 성경 절들은 그리스도인으로서 교회에 적용되는 말씀이라고 말합니다. 또한, 자신의 견해가 성경에 기초한 것이므로 옳다고 인정해야 한다고 주장합니다. 그러나 그들이 선택한 성경 구절들은 자신의 교리에 맞추기 위해 그럴듯하게 선택하여 꾸며 놓고 왜곡되게 억지로 해석할 뿐입니다. 그들이 선택한 성경 구절은 그렇게 적용하는 것처럼 보이지만 실제는 그러한 뜻을 내포하고 있지 않습니다.

"또 그 모든 편지에도 이런 일에 관하여 말하였으되 그 중에 알기 어려운 것이 더러 있으니 무식한 자들과 굳세지 못한 자들이 다른 성경과 같이 그것도 억지로 풀다가 스스로 멸망에 이르느니라"(벧후 3:16).

그리스도인들은 주님의 길을 알기 위하여, 또 종교적인 오류와 기만에 속지 않기 위하여 남에게 그 일을 맡기는 것이 아니라, 자신 스스로 매일 성경을 부지런히 연구하고 상고할 필요가 있습니다. 이 세상에는 거짓된 이론들과 미혹하는 견해들로 가득 차 있어 밝은 영적 분별력을 흐리게 하고 진리와 거룩함에서 떠나게 하는 기만이 가득 차 있습니다. 특별히 마지막 시대를 사는 그리스도인들은 "누구든지 헛된 말로 너희를 속이지 못하게 하라"는 에베소서 5장 6절 경고의 말씀에 귀를 기울여야 합니다.

"누구든지 헛된 말로 너희를 속이지 못하게 하라 이를 인하여 하나님의 진노가 불순종의 아들들에게 임하나니"(엡 5:6).

우리는 조심하여야 하며, 그렇게 하지 않을 때 성경을 그릇되게 해석하게 되고 그러한 것을 맹목적으로 신봉하게 됩니다. 하나님 말씀의 단순한 교훈들을 지나치게 영성화(靈性化)하고, 풀리지 않는 비밀로 여김으로, 실제적인 의미를 놓쳐 버리는 일이 없어야 합니다. 또 이상한 문제 등을 제시하여 말씀의 의미를 지나치게 왜곡(歪曲)하지 말아야 하며 성경에 기록된 말씀 그대로 받아들이고, 무익한 가설들을 피하여야 합니다. 우리는 내 앞에 하나님의 임재를 느끼면서 경외심을 갖고 성경을 연구해야 합니다. 어떤 부분의 말씀은 쉽게 이해가 되지만, 다른 부분에서는 참된 의미가 쉽게 파악이 되지 않을 때도 있기에 간절한 기도와 충분한 묵상이 있어야 합니다. 항상 성경을 펼칠 때에 성령께서 깨우쳐 주시기를 간구해야 하며, 깨우쳐 주실 것이란 약속을 믿어야 합니다. 성경 연구에 임하는 마음 상태에 따라서, 우리 안에 거하시는 성령의 능력을 체험하게 될 것입니다.

"보혜사 곧 아버지께서 내 이름으로 보내실 성령 그가 너희에게 모든 것을 가르치시고 내가 너희에게 말한 모든 것을 생각나게 하시리라"(요 14:26). "그러하나 진리의 성령이 오시면 그가 너희를 모든 진리 가운데로 인도하시리니 그가 자의로 말하지 않고 오직 듣는 것을 말하시며 장래 일을 너희에게 알리시리라"(요 16:13).

겸손한 마음으로 하나님의 인도하심을 간구하는 자들 곁에 하나님께서 보내신 천사가 진리를 깨닫도록 도울 것입니다. 반면에 영적 자만심을 갖고 성경을 모두 통달한 것처럼 그러한 마음으로 성경을 펼치고 그 마음속에 편견을 품으면, 사탄이 그 곁에 임하여 하나님의 명백한 말씀을 왜곡된 길로 계속해서 이끌 것입니다. 또 그들에게 잘못 믿는 바에 대한 증거를 성경 말씀으로 분명히 제시할 때도 그들은 제시한 증거를 용인하려고 하지 않으며, 또한 자신의 잘못을 바꾸려고 하지도 않습니다. 그들의 문제에 대하여 성경을 통해 훌륭한 대답이 주어지지만, 그들은 진리를 인정하는 것을 회피하기 위하여 주제를 바꾸어 다른 문제로 돌아섭니다. 우리는 예수님 당시에 유대의 지도자들을 지배했던 정신에 빠지지 않도록 유의하고 조심해야 합니다. 유대의 지도자들은 그리스도에게서 배우려고 하지 않았는데, 왜냐하면 예수님의 성경에 대한 설명은 그들의 사상과 일치하지 않았기 때문입니다. 그러므로 그들은 주님의 뒤를 밟으면서 그 입에서 나오는 것을 잡고자 하여 길목을 지켰습니다. "거기서 나오실 때에 서기관과 바리새인들이 맹렬히 달라붙어 여러가지 일로 힐문하고 그 입에서 나오는 것을 잡고자 하여 목을 지키더라"(눅 11:53,54).

여러분은 그러한 마음 자세를 갖지 않길 주님의 이름으로 간구드립니다.

나. 성경에서 말씀하는 심판과 회개의 교훈 순서

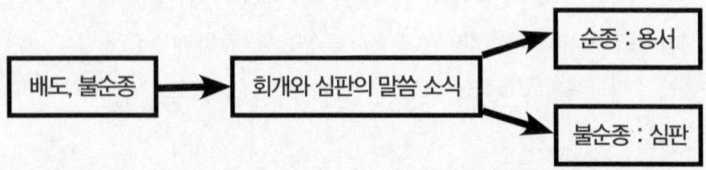

하나님의 심판은 먼저 믿는 자들의 배도와 불순종이 있고 그에 따른 회개와 심판의 소식이 전해졌고 순종의 여부에 따라 용서와 심판의 결과가 이어졌습니다.

❶ 심판과 회개의 말씀

하나님께서는 이스라엘이 당신에게 돌아와 충성하기까지 이스라엘을 버리지 아니하셨습니다. 이스라엘에서 일어난 통치자들이 대담하게 하나님을 대적하고 백성을 더욱 깊이 우상숭배에 빠지게 했던 길고 어두운 세월을 통하여 하나님께서는 반역하고 불순종하는 이스라엘의 왕과 백성에게 계속해서 회개와 순종의 말씀을 보내주셨습니다. 하나님께서는 당신의 종 선지자들을 통하여 그들이 배도의 물결을 멈추고 돌아올 수 있도록 가능한 모든 기회와 시간을 허락하셨습니다. 나라가 분열된 후 많은 세월 동안에 엘리야와 엘리사가 활동했고 호세아와 아모스와 오바댜의 부드러운 호소를 이스라엘 백성들은 들을 수 있었습니다.

하나님은 이스라엘을 죄에서 구원하기 위하여 당신의 종을 보내지 않고 버려둔 적은 결코 없었습니다. 또한, 하나님께서 부정하고 부패하고 거짓된 최악의 암흑시대 동안에도 거룩하신 분에게 충성을 다하고, 우상승배 중에서도 거룩하신 하나님 앞에서 흠 없이 살고자 한 자들이 있었습니다. 이 충성스러운 사람들은 교회의 남은 무리에 속한 사람들로 항상 기록되었는데, 그들을 통해 하나님의 영원한 목적이 성취되었습니다. 하나님은 먼저 믿는 자들의 배도와 불순종에 대하여 심판의 말씀을 전하고 회개하고 돌아오기를 기다리신 후 나중에 심판하신다고 기록된 말씀은 교훈합니다.

"나도 **내 종 모든 선지자를 너희에게 보내고 부지런히 보내며 이르기를** 너희는 이제 각기 악한 길에서 돌이켜 행위를 고치고 다른 신을 좇아 그를 섬기지 말라 그리하면 너희가 나의 너희와 너희 선조에게 준 이 땅에 거하리라 하여도 **너희가 귀를 기울이지 아니하며 나를 듣지 아니하였느니라**"(렘 35:15).

"그러므로 내가 **너희에게 선지자들과 지혜 있는 자들과 서기관들을 보내매** 너희가 그 중에서 더러는 죽이고 십자가에 못 박고 그 중에 더러는 너희 회당에서 채찍질하고 이 동네에서 저 동네로 구박하리라"(마 23:34).

"예루살렘아 예루살렘아 선지자들을 죽이고 네게 파송된 자들을 돌로 치는 자여 암탉이 그 새끼를 날개 아래 모음 같이 **내가 네 자녀를 모으려 한 일이 몇 번이냐 그러나 너희가 원치 아니하였도다**"(마 23:37).

❷ 이스라엘의 역사는 우리에게 경고가 됨

오늘날 마지막 시대에 사는 하나님의 백성이라고 자처하는 많은 그리스도인도 고대 이스라엘과 똑같은 위험을 당할 것입니다. 하나님의 경고를 받기를 거절하는 사람들은 구약과 신약에 기록된 이스라엘이 빠졌던 것과 똑같은 위험에 빠지게 될 것이며 불신으로 말미암아 안식에 들어가지 못할 것입니다.

"또 하나님이 사십 년 동안에 누구에게 노하셨느뇨 범죄하여 그 시체가 광야에 엎드러진 자에게가 아니냐 또 하나님이 누구에게 맹세하사 그의 안식에 들어오지 못하리라 하셨느뇨 곧 순종치 아니하던 자에게가 아니냐 이로 보건대 저희가 믿지 아니하므로 능히 들어가지 못한 것이라"(히 3:17-19).
"그러므로 우리가 저 안식에 들어가기를 힘쓸지니 이는 누구든지 저 순종치 아니하는 본에 빠지지 않게 하려 함이라"(히 4:11).

이스라엘 백성은 성화 되지 못한 마음과 복종하지 않은 의지로 말미암아 수많은 재앙과 심판들을 겪었습니다. 그들이 하나님께 택함 받은 민족임에도 불구하고 결국 버림을 받은 것은 그들의 불신과 자만심, 회개치 않음, 무지, 완고함의 결과였습니다. 우리는 그들의 역사를 통하여 우리 앞에 높이 들려진 심판의 교훈과 경고를 보게 됩니다.

"형제들아 너희가 삼가 혹 너희 중에 누가 믿지 아니하는 악심을 품고 살아 계신 하나님에게서 떨어질까 염려할 것이요 우리가 시작할 때에 확실한 것을 끝까지 견고히 잡으면 그리스도와 함께 참예한 자가 되리라"(히 3:12,14).

❸ 노아와 롯의 심판에 대한 교훈

하나님께서는 항상 다가오는 심판에 대하여 사람들에게 경고하셨습니다. 시대마다 주신 하나님의 말씀에 대하여 믿음으로 행한 자들은 불순종하고 불신하는 자들에게 내린 심판을 면하였습니다. 노아에게 "너와 네 집은 방주로 들어가라 네가 이 시대에 내 앞에서 의로움을 내가 보았음이니라"하는 말씀이 주어졌으며, 노아는 순종하여 구원을 얻었습니다. 롯에게 여호와께서 이 성을 멸할 터이니 "너희는 일어나 이곳에서 떠나라"는 소식이 전해졌으며, 롯도 하늘에서 주신 경고의 말씀에 순종

하여 구원을 얻었습니다.(창 7:1, 창 19:14)

또한, 그리스도의 제자들도 예루살렘의 멸망에 대하여 경고를 받았으며, 다가오는 멸망의 징조를 바라보고 그 도성을 피한 자들은 멸망에서 벗어날 수 있었습니다. 이제는 우리에게 그리스도의 재림과 세상에 임할 멸망에 대한 경고가 주어졌으며, 따라서 경고에 유의하고 말씀을 살피는 자들은 하나님의 보호하심과 구원을 얻을 것입니다.

"노아의 때와 같이 인자의 임함도 그러하리라 홍수 전에 노아가 방주에 들어가던 날까지 사람들이 먹고 마시고 장가들고 시집가고 있으면서도 홍수가 나서 저희를 다 멸하기까지 깨닫지 못하였으니 인자의 임함도 이와 같으리라"(마 24:37-39).

예수님께서 왜 이런 비유를 하셨습니까? 단지 세상 마지막 때에는 놀고, 먹고, 세상 일에 빠져 있지 말고 근신하고 깨어 있으라는 예수님의 단순한 경고와 교훈일까요? 이 성경 말씀을 통한 진정한 교훈은 예수님이 재림하신다면 결국 의인과 악인이 정확하게 구별되어 나누어지게 되며 한쪽은 영생이고 다른 한쪽은 멸망이라는 말씀입니다. 마지막 시대에는 사람이 세운 많은 이론과 교리들이 성경의 때와 법을 변경할 줄 아시고 하신 말씀입니다. 방주 밖의 사람들과 소돔과 고모라 성 안의 사람들에게 회개의 기회가 있었습니까? 그렇습니다. 홍수전 에녹과 노아는 그 당시에 성령의 말씀으로 심판을 경고하였습니다.

"아담의 칠세 손 **에녹이 사람들에게 대하여도 예언하여** 이르되 보라 주께서 그 수만의 거룩한 자와 함께 임하셨나니 이는 뭇사람을 심판하사 모든 경건치 않은 자의 경건치 않게 행한 모든 경건치 않은 일과 또 경건치 않은 죄인의 주께 거스려 한 모든 강퍅한 말을 인하여 저희를 정죄하려 하심이라 하였느니라"(유 1:14,15).
"옛 세상을 용서치 아니하시고 **오직 의를 전파하는 노아**와 그 일곱 식구를 보존하시고 경건치 아니한 자들의 세상에 홍수를 내리셨으며"(벧후 2:5).

소돔과 고모라 성에도 두 천사가 심판을 경고하였습니다.
"그 사람들이 롯에게 이르되 이 외에 네게 속한 자가 또 있느냐 네 사위나 자녀나 성중에 **네게 속한 자들을 다 성 밖으로 이끌어내라** 그들에 대하여 부르짖음이 여호와 앞에 크므로 여호와께서 우리로 이곳을 멸하러 보내셨나니 **우리가 멸하리라**"(창 19:12,13).

성경은 심판 전에 하나님께서 선지자들이나 천사들이나 그의 종들을 통해 그분의 심판을 반드시 경고하고 알려주고 있습니다.
"주 여호와께서는 자기의 비밀을 그 종 선지자들에게 보이지 아니하시고는 결코 행하심이 없으시리라"(암 3:7).
"일곱째 천사가 소리 내는 날 그 나팔을 불게 될 때에 하나님의 비밀이 그 종 선지자들에게 전하신 복음과 같이 이루리라"(계 10:7).

그러나 경고는 항상 심판 전까지입니다. 심판 후에는 그들에게 두 번의 기회는 단연코 없습니다. 오직 심판 뒤에는 "멸망"만이 남겨진 자들의 운명입니다.
"소돔과 고모라와 그 이웃 도시들도 저희와 같은 모양으로 간음을 행하며 다른 색을 따라 가다가 영원한 불의 형벌을 받음으로 거울이 되었느니라"(유 1:7).

특별히 성경에 기록한 "심판과 멸망" 부분은 마지막을 사는 그리스도인들은 깊은 관심을 두고 상고해야 합니다. 예수님께서는 재림의 때를 노아의 때에 일어난 사건을 비교하며 설명하셨습니다. 노아의 때에 방주에 들어간 사람들은 구원을 받았으며, 방주에 들어가기를 거절한 사람들은 밖에 버려짐을 당하였습니다. 방주에 타지 못한 그들은 홍수에 휩쓸려 다 멸망하였습니다.

"홍수가 나서 저희를 다 멸하기까지 깨닫지 못하였으니 인자의 임함도 이와 같으리라"(마 24:39).

롯의 때에도 노아의 때와 마찬가지로, 예수님께서 "오시는 날"에 악인들은 멸망할 것이라고 경고합니다. 즉 구원받는 자들을 비유하신 은혜의 말씀이 아니라, 심판의 날에 악인들은 정녕 멸망할 것을 경고하는 심판의 말씀입니다.

"롯의 때와 같으리니 사람들이 먹고 마시고 사고팔고 심고 집을 짓더니 롯이 소돔에서 나가던 날에 하늘로서 불과 유황이 비오듯하여 저희를 멸하였느니라 인자가 나타나는 날에도 이러하리라"(눅 17:28,29).

마찬가지로, 믿음으로 주님의 오심을 준비한 사람들은 마지막 멸망으로부터 구원을 받을 것이며 준비하지 않은 사람들은 모두 다 멸망하게 될 것입니다.

다. 주님 재림(휴거)후 남은 자들의 운명?

성경의 어느 곳에도 예수님께서 오실 때 두 번째 구원의 기회가 있다는 기록이 없습니다. 이는 사도들도 동일하게 증거하고 있습니다.

"이와 같이 그리스도도 많은 사람의 죄를 담당하시려고 단번에 드리신바 되셨고 구원에 이르게 하기 위하여 죄와 상관없이 자기를 바라는 자들에게 **두 번째** 나타나시리라"(히 9:28).

노아와 롯의 때와 같이 예수 그리스도의 재림 때에도 단 한 번의 심판으로 모든 것이 결정되는 것입니다. 예수님의 말씀처럼 인자가 임할 때에는 오직 양과 염소, 의인과 악인, 알곡과 쭉정이의 분리만 있을 뿐입니다. 7년 환란 전 휴거 교리라면, 노아 시대나 롯의 때에도 방주 밖이나 소돔 성 안에서도 남은 자의 구원이 있어야 한다는 말씀이 기록되어야 하지만, 오직 "멸망"만이 기록되어 있습니다. 휴거 후에 복음이 일부 유대인에게 전해진다면, 예수님께서 이 말씀의 비유를 잘못 가르치신 것입니다. 예수님께서 잘못 비유하신 겁니까? 아니면 오늘날 사람들이 말씀을 잘못 전하고 있는 것입니까?

다음의 성경 말씀들을 주의 깊게 상고해 보기 바랍니다.

"보라 지금은 구원받을 만한 때요, 보라 지금은 구원의 날이다"(고후 6:2).

모든 민족과 사람들에 대한 하나님의 사랑과 은혜의 시간은 재림 이전에 끝이 납니다. 예수님께서 강림하시기 전, 구원을 위한 은혜의 시간이 끝나고, 성령이 더는 모든 사람을 위해서 역사하지 않으십니다.

"추수할 때가 지나고 여름이 다 하였으나 우리는 구원을 얻지 못한다 하더라"(렘 8:20).

"주 여호와께서 가라사대 보라 날이 이를찌라 내가 기근을 땅에 보내리니 양식이 없어 주림이 아니며 물이 없어 갈함이 아니요 여호와의 말씀을 듣지 못한 기갈이라 사람이 이 바다에서 저 바다까지, 북에서 동까지 비틀거리며 여호와의 말씀을 구하려고 달려 왕래하되 얻지 못하리니 그 날에 아름다운 처녀와 젊은 남자가 다 갈하여 피곤하리라 무릇 사마리아의 죄된 우상을 가리켜 맹세하여 이르기를 단아 네 신의 생존을 가리켜 맹세하노라 하거나 브엘세바의 위하는 것의 생존을 가리켜 맹세하노라 하는 사람은 엎드러지고 다시 일어나지 못하리라"(암 8:11-14).

마태복음 25장에는 예수 그리스도의 재림을 묘사한 열 처녀의 비유가 나옵니다. 신랑으로 비유된 예수님의 오심이 지체되자, 그분을 기다리던 처녀들이 모두 졸면서 잠들게 되는 장면이 나옵니다. 갑자기 신랑이 오신다는 소리가 나자, 그때에야 미련한 다섯 처녀는 기름을 구하기 위해서 뛰어다니지만, 문은 굳게 닫히고 맙니다.

"저희가 사러 간 동안에 신랑이 오므로 예비하였던 자들은 함께 혼인 잔치에 들어가고 문은 닫힌지라"(마 25:10).

미련한 다섯 처녀에게 두 번째 기회가 있었습니까? 없었습니다. 문은 굳게 닫혔으며, 다시 열리지 않았습니다. 신랑이 오는 것을 준비하지 못한 미련한 처녀들은 예수님께 문을 열어달라고 간청하였지만, 이미 그들을 위한 구원의 은혜는 끝이 났습니다. 그들은 충분한 시간과 기회를 가졌지만 소홀함과 부주의함으로 졸며 자다 기회를 잃어버렸습니다.

"그 후에 남은 처녀들이 와서 가로되 주여 주여 우리에게 열어 주소서 대답하여 가로되 진실로 너희에게 이르노니 내가 너희를 알지 못하노라"(마 25:11).

성경 전체에 나타난 예수님의 재림과 심판에 대해서는 어느 민족, 누구에게도 구원을 위해서 주어지는 두 번째 기회란 존재하지 않습니다. 그러나 그 이전에 하나님께서는 사랑과 자비와 은혜로 모든 세상 나라들과 민족들이 구원받을 수 있을 만큼 충분한 시간과 기회를 주셨지만, 일단 그들에게 주어진 은혜의 시간이 지나면 더 이상의 기회와 시간은 끝나게 되는 것입니다.

"불의한 자는 그대로 불의를 하고 더러운 자는 그대로 더럽고, 의로운 자는 그대로 의로운 일을 행하고 거룩한 자는 그대로 거룩되게 하라"(계 22:11).

에녹과 노아의 외침과 구원의 초청을 거절하였던 사람들에게 은혜의 시간이 끝났던 것처럼, 소돔을 떠나라는 롯의 간절한 호소를 거절하였던 사위와 소돔의 시민들에게 은혜의 시간이 끝났던 것처럼, 마지막 시대에도 심판과 재림이 있기 전에 정직한 그리스도의 종들이 외치지만 과연 귀 기울이고 마음을 여는 자가 몇 명이나 되겠습니까? 노아의 시대는 산에 있는 방주까지 가서 타야만 했고, 롯의 시대는 아무것도 가진 것이 없이 그 성을 빠져나와야 하는 육신의 어려운 점이 있었으나, 지금은 오직 마음을 열고 들을 수 있는 은혜의 시대입니다.

여러분! 그 은혜의 시간이 끝나고 있습니다. 바로, 오늘이라는 시간을 통해...

라. 성경에서 말씀하는 "멸망"의 의미

환란 전 휴거를 주장하는 목회자들이 많이 사용하는 성경 절중 하나가 누가복음 17장 34, 35절입니다.

"그 밤에 두 남자가 한 자리에 누워 있으매 하나는 데려감을 당하고 하나는 버려둠을 당할 것이요, 두 여자가 함께 매를 갈고 있으매 하나는 데려감을 당하고 하나는 버려둠을 당할 것이니라."

환란 전 휴거를 주장하는 목회자들은 이 말씀의 뜻을 두 사람이 함께 있다가 한 사람이 상대방도 모르는 사이에 감쪽같이 순식간에 홀연히 하늘로 사라지는 것이라고 주장하며, 교회에서 예배드리다가 순식간에 성도들이 사라지고 구원받지 못한 자들이 슬피 울며 두려워하는 영화 같은 장면을 찍어 성도들과 세상 사람들에게 보여주고 있습니다. 이런 소설 같은 휴거 장면은 성경을 조금만 읽어봐도 얼마나 비성경적인지를 알 수가 있습니다. 또한, 환란 전 휴거를 주장하는 목회자들은 휴거되고 남은 자에 대하여 주장하기를 '성도는 하늘로 데려감을 당하고, 악인은 지상에 남아서 적그리스도를 만나게 되며 적그리스도와 함께 환란을 통과하게 되며 오직 유대인 144,000명만 구원이 허락된다.'라고 합니다. 정말 그럴까요? 누가복음 17장에 나오는 두 남자와 두 여자에 대한 비유는 예수님께서 재림하시기 직전까지는 세상에서는 아무런 구분 없이 어울려 살지만, 재림하실 때 하나님 앞에서 각자의 삶이 어떠하였는지에 의해 운명을 달리하는 영원한 구별과 심판이 있음을 강조하는 말씀입니다. 한 무리는 예수님과 함께 하늘로 데려감을 당할 것이고, 다른 한 무리는 버려둠인 "멸망"을 당하게 될 것입니다. 버려둠에 대한 자세한 해답은 제자들의 질문과 예수님의 답변에서 그 해답을 찾을 수 있습니다.

"저희가 가로되 주여 어디오니이까?" 제자들은 의인들이 하늘로 데려감을 당할 것을 알았지만, 하늘로 가지 못하고 버려둠을 당하는 악인들은 어디에 버려둠을 당하게 되는지 궁금해하였습니다.

아마 우리도 같은 질문을 하였을 것입니다.

표준 새번역
제자들이 예수께 말하였다. "주님, 어디에서 그런 일이 일어나겠습니까?" 예수께서 그들에게 말씀하셨다. "주검이 있는 곳에는 독수리가 모여드는 법이다."

우리말 성경
제자들이 물었습니다. "주여, 이런 일이 어디서 있겠습니까?" 예수께서 대답하셨습니다. "시체가 있는 곳에 독수리가 모여들 것이다."

킹제임스 버전
And they answered and said unto him, Where, Lord? And he said unto them, Wheresoever the body [is], thither will the eagles be gathered together.

"주여 어디오니이까"의 실제적 의미는 "주여 버려둠을 당한 자는 어디 있습니까?"라는 것입니다. 예수님께서는 정확하고 분명하게 답변을 해 주셨습니다.

"주검(죽음)이 있는 곳에 독수리가 모이느니라."

여러분은 이 말씀을 이해하십니까? 예수님께서는 악인들의 시체는 지상에 버려져서 독수리의 먹이가 될 것이라고 답변해 주셨습니다. 인자의 임함이 번개 같다는 말씀을 설명할 때 말씀드렸지만 좀 더 자세히 살펴보고자 합니다. 예수님께서 재림하실 때에 의인들은 그분과 함께 올라갈 것이지만, 악인들의 시체는 땅속에 묻히지도 못한 채 온 세상에 널리게 될 것입니다. 같은 말씀이 요한계시록 19장 17, 18절에는 한 천사가 악인들의 죽은 시체를 먹으라고 새 떼들을 부르는 장면이 나옵니다.

"한 천사가 해에 서서 공중에 나는 모든 새들을 향하여 큰 음성으로 외쳐 가로되 와서 하나님의 큰 잔치에 모여 왕들의 고기와 장군들의 고기와 장사들의 고기와 말들과 그 탄 자들의 고기와 자유한 자들이나 종들이나 무론 대소하고 모든 자의 고기를 먹으라 하더라."

그런데 이러한 말씀 앞에 무슨 사건이 기록이 되어있습니까? 바로 혼인 잔치의 말씀이 기록이 되어 있습니다. 계시록 14장의 세상의 끝에 있을 추수가 시작되며 동시에 진노의 포도주 심판을 말씀하셨으며, 계시록 19장에는 어린양의 혼인 잔치와 동시에 악인들에게 멸망의 심판이 기록되었습니다. 예수님이 재림하실 때 심판이 있고, 그 심판은 의인과 악인이 영원히 분리되며, 악인은 다 멸망한다는 말씀을 설명하기 위하여 더 많은 말씀이 필요할까요?

마. 죄인들은 영광의 주를 볼 수 없다

하나님을 보고 살 자가 없는 이유는 하나님은 선이시고 빛이시기 때문입니다. 어두움 가운데 빛이 비치면 어두움이 사라지는 것은 당연한 세상 이치입니다.

"가라사대 네가 내 얼굴을 보지 못하리니 나를 보고 살 자가 없음이니라"(출 33:20).

"우리가 저에게서 듣고 너희에게 전하는 소식이 이것이니 곧 하나님은 빛이시라 그에게는 어두움이 조금도 없으시니라"(요일 1:5).

구약에 선지자들이 기록한 여호와께서 강림하는 광경을 예언한 말씀들을 살펴보겠습니다. 예수님의 재림에 관하여 구약의 선지자들이 심판 중에 남은 자들에 관하여 기록한 하나님 말씀은 하나도 없으며, 오직 일관되게 죄인들의 "멸절"과 "훼멸"의 심판만을 기록하였습니다.

"대저 악행은 불태우는 것 같으니 곧 질려와 형극을 삼키며 빽빽한 수풀을 살라서 연기로 위로 올라가게 함과 같은 것이라 만군의 **여호와의 진노로 인하여 이 땅이 소화되리니 백성은 불에 타는 섶나무와 같을 것이라 사람이 그 형제를 아끼지 아니하며**"(사 9:18,19).

"그 날에 이스라엘의 남은 자와 야곱 족속의 피난한 자들이 다시는 자기를 친 자를 의뢰치 아니하고 이스라엘의 거룩하신 자 여호와를 진실히 의뢰하리니 남은 자 곧 야곱의 남은 자가 능하신 하나님께로 돌아올 것이라 이스라엘이여 네 백성이 바다의 모래 같을지라도 **남은 자만 돌아오리니 넘치는 공의로 훼멸이 작정되었음이라** 이미 작정되었은즉 주 만군의 여호와께서 온 세계 중에 끝까지 행하시리라"(사 10:20-23).

"그가 여호와를 경외함으로 즐거움을 삼을 것이며 그 눈에 보이는 대로 심판치 아니하며 귀에 들리는 대로 판단치 아니하며 **공의로 빈핍한 자를 심판하며 정직으로 세상의 겸손한 자를 판단할 것이며 그 입의 막대기로 세상을 치며 입술의 기운으로 악인을 죽일 것이며** 공의로 그 허리띠를 삼으며 성실로 몸의 띠를 삼으리라"(사 11:3-5).

"여호와의 날 곧 잔혹히 분냄과 맹렬히 노하는 날이 임하여 땅을 황무케 하며 그 중에서 **죄인을 멸하리니** 하늘의 별들과 별 떨기가 그 빛을 내지 아니하며 해가 돋아도 어두우며 달이 그 빛을 비취지 아니할 것이로다 내가 세상의 악과 악인의 죄를 벌하며 교만한 자의 오만을 끊으며 강포한 자의 거만을 낮출 것이며 내가 사람을 정금보다 희소케 하며 오빌의 순금보다 희귀케 하리로다 나 만군의 여호와가 분하여 맹렬히 노하는 날에 하늘을 진동시키며 땅을 흔들어 그 자리에서 떠나게 하리니"(사 13:9-13).

"**여호와여 주의 심판하시는 길에서** 우리가 주를 기다렸사오며 주의 이름 곧 주의 기념 이름을 우리 영혼이 사모하나이다. 밤에 내 영혼이 주를 사모하였사온즉 내 중심이 주를 간절히 구하오리니 이는 주께서 땅에서 심판하시는 때에 세계의 거민이 의를 배움이니이다. 악인은 은총을 입을지라도 의를 배우지 아니하며 정직한 땅에서 불의를 행하고 여호와의 위엄을 돌아보지 아니하는도다. 여호와여 주의 손이 높이 들릴지라도 그들이 보지 아니하나이다마는 백성을 위하시는 주의 열성을 보면 부끄러워할 것이라 **불이 주의 대적을 사르리이다 ··· 보라 여호와께서 그 처소에서 나오사 땅의 거민의 죄악을 벌하실 것이라 땅이 그 위에 잦았던 피를 드러내고 그 살해 당한 자를 다시는 가리우지 아니하리라**"(사 26:8-11,21).

"여호와께서 그 백성의 상처를 싸매시며 그들의 맞은 자리를 고치시는 날에는 달빛은 햇빛 같겠고 햇빛은 칠 배가 되어 일곱 날의 빛과 같으리라 보라 여호와의 이름이 원방에서부터 오되 그의 진노가 불붙듯하며 빽빽한 연기가 일어 나듯하며 **그 입술에는 분노가 찼으며 그 혀는 맹렬한 불 같으며**"(사 30:26,27).

"내 백성이여 내게 주의하라 내 나라여 내게 귀를 기울이라 이는 율법이 내게서부터 발할 것임이라 내가 내 공의를 만민의 빛으로 세우리라 내 의가 가깝고 내 구원이 나갔은즉 내 팔이 만민을 심판하리니 섬들이 나를 앙망하여 내 팔에 의지하리라 너희는 하늘로 눈을 들며 그 아래의 땅을 살피라 **하늘이 연기 같이 사라지고 땅이 옷 같이 해어지며 거기 거한 자들이 하루살이 같이 죽으려니와 나의 구원은 영원히 있고 나의 의는 폐하여지지 아니하리라**"(사 51:4-6).

"나 만군의 여호와가 말하노라 보라 재앙이 나서 나라에서 나라에 미칠 것이며 대풍이 땅 끝에서 일어날 것이라 그 날에 나 여호와에게 살륙을 당한 자가 땅 이 끝에서 땅 저 끝에 미칠 것이나 **그들이 슬퍼함을 받지 못하며 염습함을 입지 못하며 매장함을 얻지 못하고 지면에서 분토가 되리로다**"(렘 25:32,33).

"여호와께서 그 처소에서 나오시고 강림하사 땅의 높은 곳을 밟으실 것이라 그 아래서 **산들이 녹고 골짜기들이 갈라지기를 불 앞의 밀 같고** 비탈로 쏟아지는 물 같을 것이니"(미 1:3).

"누가 능히 그 분노하신 앞에 서며 누가 능히 그 진노를 감당하랴 **그 진노를 불처럼 쏟으시니 그를 인하여 바위들이 깨어지는도다**"(나 1:6).

"나 여호와가 네게 대하여 명하였나니 네 이름이 다시는 전파되지 않을 것이라 내가 네 신들의 집에서 새긴 우상과 부은 **우상을 멸절하며 네 무덤을 예비하리니 이는 네가 비루함이라** 볼찌어다 아름다운 소식을 보하고 화평을 전하는 자의 발이 산 위에 있도다 유다야 네 절기를 지키고 네 서원을 갚을찌어다 악인이 진멸되었으니 그가 다시는 네 가운데로 통행하지 아니하리로다"(나 1:14,15).

"**여호와께서 가라사대 내가 지면에서 모든 것을 진멸하리라** 내가 사람과 짐승을 진멸하고 공중의 새와 바다의 고기와 거치게 하는 것과 악인들을 아울러 진멸할 것이라 내가 사람을 지면에서 멸절하리라 나 여호와의 말이니라 내가 유다와 예루살렘 모든 거민 위에 손을 펴서 바알의 남아 있는 것을 그곳에서 멸절하며 그마림이란 이름과 및 그 제사장들을 아울러 멸절하며 무릇 지붕에서 하늘의 일월성신에게 경배하는 자와 경배하며 여호와께 맹세하면서 말감을 가리켜 맹세하는 자와 **여호와를 배반하고 좇지 아니한 자와 여호와를 찾지도 아니하며 구하지도 아니한 자를 멸절하리라**"(습 1:2-6).

"**그 날은 분노의 날이요 환난과 고통의 날이요 황무와 패괴의 날이요 캄캄하고 어두운 날이요 구름과 흑암의 날이요** 나팔을 불어 경고하며 견고한 성읍을 치며 높은 망대를 치는 날이로다 내가 사람들에게 고난을 내려 소경 같이 행하게 하리니 이는 그들이 나 여호와께 범죄하였음이라 또 그들의 피는 흘리워서 티끌 같이 되며 그들의 살은 분토 같이 될찌라 그들의 은과 금이 여호와의 분노의 날에 능히 그들을 건지지 못할 것이며 이 온 땅이 여호와의 질투의 불에 삼키우리니 이는 여호와가 **이 땅 모든 거민을 멸절하되 놀랍게 멸절할 것임이니라**"(습 1:15-18).

"만군의 여호와가 이르노라 보라 **극렬한 풀무불 같은 날이 이르리니 교만한 자와 악을 행하는 자는 다 초개 같을 것이라** 그 이르는 날이 그들을 살라 그 뿌리와 가지를 남기지 아니할 것이로되 내 이름을 경외하는 너희에게는 의로운 해가 떠올라서 치료하는 광선을 발하리니 너희가 나가서 외양간에서 나온 송아지 같이 뛰리라 날개 또 **너희가 악인을 밟을 것이니 그들이 나의 정한 날에 너희 발바닥 밑에 재와 같으리라** 만군의 여호와의 말이니라"(말 4:1-3).

사도 바울이 기록한 성경 말씀을 다시 한 번 더 살펴보겠습니다. 바울은 마지막 시대에 거짓된 평안과 안전의 소식을 전하는 사람들은 자신들에게 임하는 멸망을 결코 피하지 못할 것이라고 경고하고 있습니다. **어느 선지자나 사도가 악인들이 살 수 있다고 말씀했습니까? 어느 누가 재림의 그 날에 악인들이 살아남을 수 있다고 가르치고 있습니까? 어느 누가 감히 하나님의 말씀을 대적하려고 합니까?** 예수님께서는 확실하고 명확하게 말씀하셨습니다. 노아의 시대와 롯의 시대처럼 다 멸절될 것이며 인자의 임함에는 심판이 있을 것이며 그 결과로 주검이 있을 것이라고 하셨습니다. 여러분은 재림에 관한 믿음을 누구의 말씀에 마음을 두겠습니까? 오직 당을 지어 진리를 좇지 아니하고 불의를 좇는 자에게는 하나님의 진노와 분이 임할 것이며 자신의 고집과 회개치 아니한 마음을 따라 진노의 날 곧 하나님의 의로우신 판단이 나타나는 그 날에 자신의 믿는 바가 무엇이 잘못되었는지 스스로 판단하게 될 것입니다.

"그러므로 남을 판단하는 사람아 무론 누구든지 네가 핑계치 못할 것은 남을 판단하는 것으로 네가 너를 정죄함이니 판단하는 네가 같은 일을 행함이니라 **이런 일을 행하는 자에게 하나님의 판단이 진리대로 되는 줄 우리가 아노라** 이런 일을 행하는 자를 판단하고도 같은 일을 행하는 사람아 네가 하나님의 판단을 피할 줄로 생각하느냐 혹 네가 하나님의 인자하심이 너를 인도하여 회개케 하심을 알지 못하여 그의 인자하심과 용납하심과 길이 참으심의 풍성함을 멸시하느뇨 다만 네 고집과 회개치 아니한 마음을 따라 진노의 날 곧 하나님의 의로우신 판단이 나타나는 그 날에 임할 진노를 네게 쌓는도다 하나님께서 각 사람에게 그 행한 대로 보응하시되 참고 **선**

을 행하여 영광과 존귀와 썩지 아니함을 구하는 자에게는 영생으로 하시고 오직 당을 지어 진리를 좇지 아니하고 불의를 좇는 자에게는 노와 분으로 하시리라"(롬 2:1-8).

잘못 믿은 자들은 주의 날이 도적같이 이를 때 멸망이 홀연히 임할 것이고 결단코 피하지 못할 것입니다.

"주의 날이 밤에 도적같이 이를 줄을 너희 자신이 자세히 앎이라 저희가 평안하다 안전하다 할 그 때에 잉태된 여자에게 해산하는 고통이 이름과 같이 **멸망이 홀연히 저희에게 이르리니 결단코 피하지 못하리라**"(살전 5:2,3).

또한, 주님 강림하실 때 진리의 사랑을 받지 아니하여 구원함을 얻지 못하는 자들을 가리켜 멸망하는 자들이라고 말씀하십니다.

"그 때에 **불법한 자**가 나타나리니 주 예수께서 그 입의 기운으로 **저를 죽이시고 강림하여** 나타나심으로 폐하시리라 악한 자의 임함은 사탄의 역사를 따라 모든 능력과 표적과 거짓 기적과 불의의 모든 속임으로 **멸망하는 자들에게 임하리니** 이는 저희가 진리의 사랑을 받지 아니하여 구원함을 얻지 못함이니라"(살전 5:8-10).

사도 베드로도 말씀하십니다.

"이로 말미암아 그때 세상은 물의 넘침으로 멸망하였으되 이제 하늘과 땅은 그 동일한 말씀으로 불사르기 위하여 간수하신바 되어 경건치 아니한 사람들의 **심판과 멸망의 날까지 보존하여 두신 것**이니라 사랑하는 자들아 주께는 하루가 천년 같고 천년이 하루 같은 이 한 가지를 잊지 말라 주의 약속은 어떤 이의 더디다고 생각하는 것 같이 더딘 것이 아니라 오직 너희를 대하여 오래 참으사 **아무도 멸망치 않고** 다 회개하기에 이르기를 원하시느니라"(벧후 3:6-9).

예수님이 오시는 날까지 오래 참으심은 아무도 멸망치 않기를 바라시지만, 그 자비와 인내를 버린 사람들에게 남은 것은 오직 심판과 멸망뿐이라고 하십니다. 재림 후 적어도 7년간은 운이 좋은 사람들이 살아남아 환란을 당하고 유대인 144,000인만이 구원의 기회가 있다는 말씀이 도대체 성경의 어디에 기록되어 있습니까? 인자가 임할 때에 악인들에게는 오직 "멸망과 심판"만이 있을 것입니다. 그럼 그 이유는? 도대체 왜 악인들이 모두 다 죽고 멸망할 수밖에 없습니까? 다시 강조하지만, 그 이유 또한 간단합니다. 어렵지 않습니다. 합리적이며 지극히 성경적입니다.

"우리가 저에게서 듣고 너희에게 전하는 소식이 이것이니 곧 하나님은 빛이시라 그에게는 어두움이 조금도 없으시니라"(요일 1:5).

이유는 재림 때 예수님은 영광의 모습으로 오시기에 이 악한 세상의 죄인들은 그 영광을 감당하기에는 너무 부족합니다. 즉 완전하신 선과 빛의 하나님이 오시는 데 맞이할 자 그 누가 있겠습니까?

오직 의인들만 그 앞에 능히 설 수 있을 것이며 악인들에게는 멸망뿐입니다.

악인들이 하나님 앞에 누가 능히 서리요!

SEVEN YEARS OF TRIBULATION

Ⅱ. 휴거와 관련된 궁금증?

1 화액과 장래 노하심에서 "건진다"

"환란 전 휴거"를 믿는 한 분이 이런 말씀 구절을 보여주면서 자신은 "화액 전에 갑니다"라고 하였습니다.

"의인이 죽을찌라도 마음에 두는 자가 없고 자비한 자들이 취하여 감을 입을찌라도 그 의인은 화액 전에 다가올 재앙으로부터 취하여 감을 입은 것인 줄로 깨닫는 자가 없도다"(사 57:1).

"또 죽은 자들 가운데서 다시 살리신 그의 아들이 하늘로부터 강림하심을 기다린다고 말하니 이는 장래 노하심에서 우리를 건지시는 예수시니라"(살전 1:10).

이 말씀의 의미를 정확히 모르고 그저 환란 전 휴거를 믿는 교인이 많이 있습니다. 다음은 환란 전 휴거를 믿는 성도와 대화내용입니다.

– 성도 : 말씀에 우리는 다 "화액 전"에 간다고 약속되었잖습니까?

– 답변 : 당연합니다! 말씀의 약속인데, 저도 "화액 전"에 갑니다.

– 성도 : 그런데 왜 이렇게 성경하고 맞지 않는 이상한 말씀만 하십니까?

– 답변 : 환란 전 휴거냐, 환란 후 휴거냐 보다는 주님이 오시기 전에 한 가지 생각해 보겠습니다. 먼저 참된 그리스도인의 순교와 핍박 그리고 종교개혁에 관한 내용을 읽어 보신 적이 있으신가요?

– 성도 : 자세히 연구하지 않았지만, 그러나 많은 순교의 피가 뿌려졌다는 것은 알고 있습니다.

- 답변 : 그들이 무엇을 전하고 왜 순교하셨는지 생각해 보셨습니까? 또 한가지 그들은 주님의 재림을 고대하지 않았을까요? 그들도 주님의 재림이 바라는 최상의 소망이었습니다.

"이것들을 증거하신 이가 가라사대 내가 진실로 **속히 오리라** 하시거늘 아멘 주 예수여 오시옵소서"(계 22:20).

"너희에게 인내가 필요함은 너희가 하나님의 뜻을 행한 후에 약속을 받기 위함이라 **잠시 잠깐 후면 오실 이**가 오시리니 지체하지 아니하시리라"(히 10:36,37).

마치 엄마가 자식한테 어려운 가정환경 때문에 서울로 가며 "울지마라 엄마 돈 많이 벌어서 올게! 네가 거할 곳을 예비하면 부를 테니 고생스러워도 참아라!" 그러나 그 엄마가 한 달이 지나고, 1년, 10년, 100년이 가도 안 오십니다. 얼마나 답답하였겠습니까? 마치 그 엄마의 말이 진심이 아니고 거짓이었다는 생각이 들었을 것입니다. 과연 많은 순교자가 속히 오리라 하고 지체하지 않으신다던 예수님을 원망하였을까요? 주님을 기다리는 재림의 마음은 모든 그리스도인의 소망이자 삶의 원동력이었습니다. 그런데 그들은 어떠하였습니까? 이 말씀들을 곰곰이 상고하였으면 합니다.

"저희가 믿음으로 나라들을 이기기도 하며 의를 행하기도 하며 약속을 받기도 하며 사자들의 입을 막기도 하며 불의 세력을 멸하기도 하며 칼날을 피하기도 하며 연약한 가운데서 강하게 되기도 하며 전쟁에 용맹되어 이방사람들의 진을 물리치기도 하며 여자들은 자기의 죽은 자를 부활로 받기도 하며 또 어떤 이들은 더 좋은 부활을 얻고자 하여 악형을 받되 구차히 면하지 아니하였으며 또 어떤 이들은 희롱과 채찍질뿐 아니라 결박과 옥에 갇히는 시험도 받았으며 돌로 치는 것과 톱으로 켜는 것과 시험과 칼에 죽는 것을 당하고 양과 염소의 가죽을 입고 유리하여 궁핍과 환난과 학대를 받았으니 **(이런 사람은 세상이 감당치 못하도다)** 저희가 광야와 산중과 암혈과 토굴에 유리하였느니라"(히 11:33-38).

"자기 아들을 아끼지 아니하시고 우리 모든 사람을 위하여 내어주신 이가 어찌 그 아들과 함께 모든 것을 우리에게 은사로 주지 아니하시겠느뇨 누가 능히 하나님의 택하신 자들을 송사하리요 의롭다 하신 이는 하나님이시니 누가 정죄하리요 죽으실 뿐아니라 다시 살아나신 이는 그리스도 예수시니 그는 하나님 우편에 계신 자요 우리를 위하여 간구하시는 자시니라 **누가 우리를 그리스도의 사랑에서 끊으리요 환난이나 곤고나 핍박이나 기근이나 적신이나 위험이나 칼이랴** 기록된바 우리가 종일 주를 위하여 죽임을 당케 되며 도살할 양 같이 여김을 받았나이다 함과 같으니라 그러나 이 모든 일에 우리를 사랑하시는 이로 말미암아 우리가 넉넉히 이기느니라 내가 확신하노니 사망이나 생명이나 천사들이나 권세자들이나 현재 일이나 장래 일이나 능력이나 높음이나 깊음이나 다른 아무 피조물이라도 우리를 우리 주 **그리스도 예수 안에 있는 하나님의 사랑에서 끊을 수 없으리라**"(롬 8:32-39).

"내가 아버지의 말씀을 저희에게 주었사오매 세상이 저희를 미워하였사오니 이는 내가 세상에 속하지 아니함 같이 저희도 세상에 속하지 아니함을 인함이니이다 **내가 비옵는 것은 저희를 세상에서 데려가시기를 위함이 아니요 오직 악에 빠지지 않게 보전하시기를 위함이니이다** 내가 세상에 속하지 아니함 같이 저희도 세상에 속하지 아니하였삽나이다 저희를 진리로 거룩하게 하옵소서 아버지의 말씀은 진리니이다"(요 17:14-17).

"내가 이제 너희를 위하여 받는 **괴로움을 기뻐하고** 그리스도의 남은 고

난을 그의 몸된 교회를 위하여 내 육체에 채우노라 내가 교회 일군 된 것은 하나님이 너희를 위하여 내게 주신 경륜을 따라 하나님의 말씀을 이루려 함이니라 이 비밀은 만세와 만대로부터 옴으로 감취었던 것인데 이제는 그의 성도들에게 나타났고 하나님이 그들로 하여금 이 비밀의 영광이 이방인 가운데 어떻게 풍성한 것을 알게 하려하심이라 이 비밀은 너희 안에 계신 그리스도시니 곧 영광의 소망이니라"(골 1:24-27).

"내가 너희를 향하여 하는 말이 담대한 것도 많고 너희를 위하여 자랑하는 것도 많으니 **내가 우리의 모든 환난 가운데서도 위로가 가득하고 기쁨이 넘치는도다** 우리가 마게도냐에 이르렀을 때에도 우리 육체가 편치 못하고 사방으로 환난을 당하여 밖으로는 다툼이요 안으로는 두려움이라 그러나 비천한 자들을 위로하시는 하나님이 디도의 옴으로 우리를 위로하셨으니 저의 온 것뿐 아니요 오직 저가 너희에게 받은 그 위로로 위로하고 너희의 사모함과 애통함과 나를 위하여 열심 있는 것을 우리에게 고함으로 나로 더욱 기쁘게 하였느니라"(고후 7:4-7).

"복음을 그 성에서 전하여 많은 사람을 제자로 삼고 루스드라와 이고니온과 안디옥으로 돌아가서 제자들의 마음을 굳게 하여 이 믿음에 거하라 권하고 또 우리가 **하나님 나라에 들어가려면 많은 환난을 겪어야 할 것이라** 하고 각 교회에서 장로들을 택하여 금식 기도하며 저희를 그 믿은바 주께 부탁하고"(행 14:21-23).

"그러므로 우리가 믿음으로 의롭다 하심을 얻었은즉 우리 주 예수 그리스도로 말미암아 하나님으로 더불어 화평을 누리자 또한 그로 말미암아 우리가 믿음으로 서있는 이 은혜에 들어감을 얻었으며 하나님의 영광을 바라고 즐거워하느니라 다만 이뿐 아니라 **우리가 환난 중에도 즐거워하나니 이는 환난은 인내를**, 인내는 연단을, 연단은 소망을 이루는 줄 앎이로다"(롬 5:1-4).

"우리가 너희와 함께 있을 때에 **장차 받을 환난을 너희에게 미리 말하였더니** 과연 그렇게 된 것을 너희가 아느니라"(살전 3:4).

"이는 하나님의 공의로운 심판의 표요 너희로 하여금 하나님 나라에 합당한 자로 여기심을 얻게 하려 함이니 **그 나라를 위하여 너희가 또한 고난을 받느니라** 너희로 환난 받게 하는 자들에게는 환난으로 갚으시고 환난 받는 너희에게는 우리와 함께 안식으로 갚으시는 것이 하나님의 공의시니 주 예수께서 저의 능력의 천사들과 함께 하늘로부터 불꽃 중에 나타나실 때에 하나님을 모르는 자들과 우리 주 예수의 복음을 복종치 않는 자들에게 형벌을 주시리니 이런 자들이 주의 얼굴과 그의 힘의 영광을 떠나 영원한 멸망의 형벌을 받으리로다 그 날에 강림하사 그의 성도들에게서 영광을 얻으시고 모든 믿는 자에게서 기이히 여김을 얻으시리라 우리의 증거가 너희에게 믿어졌음이라"(살후1:5-10).

- **성도** : 무슨 말씀인지 이해는 갑니다. 그래도 말씀에는...
- **답변** : 형제님! 우리는 주님을 위해서 어떠한 삶을 살았나요? 순교자들의 고난과 핍박은 그저 소설이나 영화 같은 데서 잠깐 보여주고 지나가는 그런 연민과 감동은 아니지 않습니까? 주님은 고통 가운데서 절규하며 십자가에서 돌아가셨습니다. 그러나 사도들과 순교자들은 십자가와 사형 틀에서 기쁨과 찬양함으로 생명을 마쳤습니다. 왜입니까? 주님은 세상 죄를 다 지시고, 우리가 받아야 할 죄의 댓가와 고통을 다 당하셨습니다. 그래서 순교자들은 주님이 대신 자신들의 죄의 고통을 당

하셨다는 그 사실을 알고 감사함으로, 기쁜 찬양과 함께 하나님께 영광을 돌리며 순교할 수 있었습니다.

"생각건대 현재의 고난은 장차 우리에게 나타날 영광과 족히 비교할 수 없도다"(롬 8:18).

그들도 말씀대로 단지 "화액 전"에 "장래 노하심"으로 건짐 받기를 원하고만 있었다면 감사하는 마음으로 살 수가 있었을까요? 오히려 환란과 핍박 가운데 불만과 불신앙이 만연했을 것입니다.

환란과 핍박 가운데 순교자들이 이렇게 기도했을까요?

"아! 하나님 이것은 말씀하고 틀리지 않습니까? 우리를 화액 전에 노하심에서 건져 주신다고 하지 않았습니까? 악한 자들의 희롱과 채찍질뿐 아니라 결박과 옥에 가두고 돌로 치는 것과 톱으로 켜는 것과 시험과 칼에 죽임을 당하고 양과 염소의 가죽을 입고, 사자의 먹이가 되고 유리하여 궁핍과 환난과 학대를 받고 있습니다. 제발 도와주세요! 거기까지는 인내할 만합니다. 악한 자들이 우리 사랑하는 자식을 돌로 치고, 칼로 자르고, 사자에게 주며, 발로 밟으며, 가죽을 산 채로 벗기고, 불로 태웁니다."

자식들이 말합니다. "아빠, 엄마 살려주세요! 제발 도와주세요!"

핍박자들이 말합니다. "예수를 부인하라는 것이 아니다! 우리가 믿는 대로 너희가 인정만 하면 너도 살고 네 자식도 살려주리라!"

그러나 그 협박과 핍박 속에서도 그들은 이렇게 기도를 드렸습니다.

"오직 주님께 영광 돌립니다. 그들이 하는 행동을 그들이 모릅니다."
"저들을 용서해 주시고 제 영혼을 받아 주소서!"

- 성도 : 그러나 그때는 시대적 상황 때문에 어쩔 수 없었잖습니까!
- 답변 : 그렇다면 형제님께서 그 당시의 상황에 있었다면 그러한 믿음을 가질 수 있었다고 생각하십니까?
- 성도 : ...
- 답변 : 그리고 한 가지 더 다시 생각해 볼 부분이 있습니다. 형제님이 알고 있는 "화액"과 장래 "노하심"은 하나님께서 오래 참고 인내하신 그 사랑을 믿지 않고 그 불의와 진리를 배반하는 불신자들과 음녀 바벨론 세력과 거짓 선지자들에게 내리는 형벌로 하나님께서 마지막 때에 준비하신 자비가 없는 "진노의 잔"이라고 생각하면 그동안 오해한 성경 구절이 다르게 보일 것입니다. 하나님의 진노는 바로 불신자들과 진리에 순종하지 않는 자들에게 도적같이 오셔서 내릴 진노입니다. 하나님의 계명을 지키고 예수 믿음을 가진 자들은 그 잔을 받을 필요가 없습니다. 마지막 시대에 하나님이 특별히 준비하신 진노의 일곱 대접이 기록되어 있습니다.

"또 내가 들으니 성전에서 큰 음성이 나서 일곱 천사에게 말하되 너희는 가서 **하나님의 진노의 일곱 대접**을 땅에 쏟으라 하더라 내가 들으니 물을 차지한 천사가 가로되 전에도 계셨고 **시방도 계신 거룩하신 이여 이렇게 심판하시니 의로우시도다** 저희가 성도들과 선지자들의 피를 흘렸으므로 저희로 피를 마시게 하신 것이 합당하니이다 하더라 또 내가 들으니 제단이 말하기를 그러하다 주 하나님 곧 전능하신 이시여 심판하시는 것이 참되시고 의로우시도다 하더라"(계 16:1,5-7).

"다만 네 고집과 회개치 아니한 마음을 따라 진노의 날 곧 **하나님의 의로우신 판단이 나타나는 그 날에 임할 진노를 네게 쌓는도다**"(롬 2:5).

"만일 하나님이 그 진노를 보이시고 그 능력을 알게 하고자 하사 멸하기로 **준비된 진노의 그릇**을 오래 참으심으로 관용하시고"(롬 9:22).

"전에는 우리도 다 그 가운데서 우리 육체의 욕심을 따라 지내며 육체와 마음의 원하는 것을 하여 다른 이들과 같이 **본질상 진노의 자녀이었더니**"(엡 2:3).

"그들의 **진노의 큰 날**이 이르렀으니 누가 능히 서리요 하더라"(계 6:17).

"또 다른 천사 곧 둘째가 그 뒤를 따라 말하되 무너졌도다 무너졌도다 큰 성 바벨론이여 모든 나라를 그 음행으로 인하여 **진노의 포도주**로 먹이던 자로다 하더라"(계 14:8).

"그도 **하나님의 진노의 포도주**를 마시리니 그 진노의 잔에 섞인 것이 없이 부은 포도주라 거룩한 천사들 앞과 어린 양 앞에서 불과 유황으로 고난을 받으리니"(계 14:10).

"천사가 낫을 땅에 휘둘러 땅의 포도를 거두어 **하나님의 진노의 큰 포도주 틀**에 던지매"(계 14:19).

"큰 성이 세 갈래로 갈라지고 만국의 성들도 무너지니 큰 성 바벨론이 하나님 앞에 기억하신바 되어 그의 **맹렬한 진노의 포도주 잔**을 받으매"(계 16:19).

"그 음행의 **진노의 포도주**를 인하여 만국이 무너졌으며 또 땅의 왕들이 그로 더불어 음행하였으며 땅의 상고들도 그 사치의 세력을 인하여 치부하였도다 하더라"(계 18:3).

"그의 입에서 이한 검이 나오니 그것으로 만국을 치겠고 친히 저희를 철장으로 다스리며 또 친히 하나님 곧 전능하신 이의 맹렬한 **진노의 포도주 틀**을 밟겠고"(계 19:15).

세상 마지막 역사를 요한계시록 13장부터 정리해 보겠습니다.

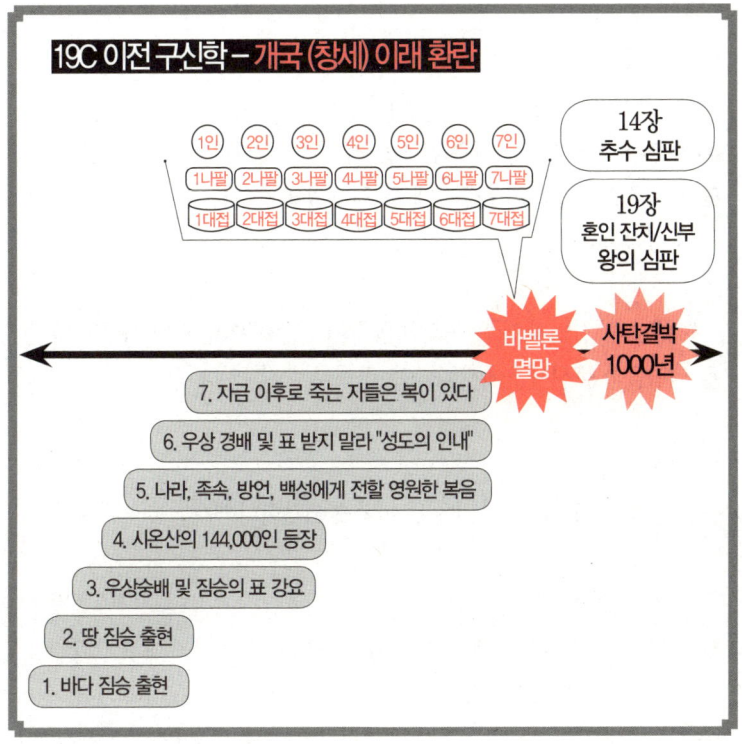

❶ 바다에서 짐승이 출현
❷ 땅에서 새끼 양 같은 짐승이 나오고
❸ 그 땅 짐승이 우상에게 경배와 짐승의 표를 강요
❹ 경배하지 않는 자는 몇이든 (정해져 있는 숫자가 아닙니다) 다 죽이고
❺ 사람 가운데서 구속을 받아 처음 익은 열매인 144,000인이 일어나고
❻ 세상 모든 사람에게 다시 전할 영원한 복음이 있으니 하나님의 사랑입니다.
❼ 요한계시록 17, 18장에서는 바벨론의 세력과 무너짐이 자세히 나와

있습니다.
❽ 요한계시록 18장에서 하나님께서 땅에 거하는 자들 곧 여러 나라와 족속과 방언과 백성에게 외치십니다.
❾ 계명과(무슨 계명?) 예수 믿음을 지키는 자들이 나오고
❿ 144,000인 이후로 우상숭배 및 짐승의 표를 거절함으로 죽는 사람들이 있습니다.

하나님의 "진노의 잔"은 이러한 일들이 다 이루어진 후에 세상의 바벨론 세력들과 불신자들에게 내리는 화액이며 진노입니다.

- **성도** : 그래도...
- **답변** : 그렇다면, 이 말씀은 어떻게 생각합니까?

"또 여섯째가 그 대접을 큰 강 유브라데에 쏟으매 강물이 말라서 동방에서 오는 왕들의 길이 예비되더라 또 내가 보매 개구리 같은 세 더러운 영이 용의 입과 짐승의 입과 거짓 선지자의 입에서 나오니 저희는 귀신의 영이라 이적을 행하여 온 천하 임금들에게 가서 하나님 곧 전능하신이의 큰 날에 전쟁을 위하여 그들을 모으더라 **보라 내가 도적 같이 오리니** 누구든지 깨어 자기 옷을 지켜 벌거벗고 다니지 아니하며 자기의 부끄러움을 보이지 아니하는 자가 복이 있도다"(계 16:12-15).

천천히 말씀을 읽으며 상고해 보겠습니다. 앞에 다섯 대접을 쏟으시고 이제 여섯째 대접을 쏟으면서 말씀하십니다. 환란 전의 휴거를 믿는 목회자들이 즐겨 인용하던 그 도적 같이 오신다는 말씀이 15절에 있습니다.

- **성도** : 이건 좀 헷갈리네요! 그런데 왜 우리 교회 목회자들은 그런

말씀을 한 번도 안 하셨지요? 말씀에는 여섯째 대접 후에 오신다고 하셨네요!

　– 답변 : 일곱 대접의 심판 내용을 잘 읽어 보세요.

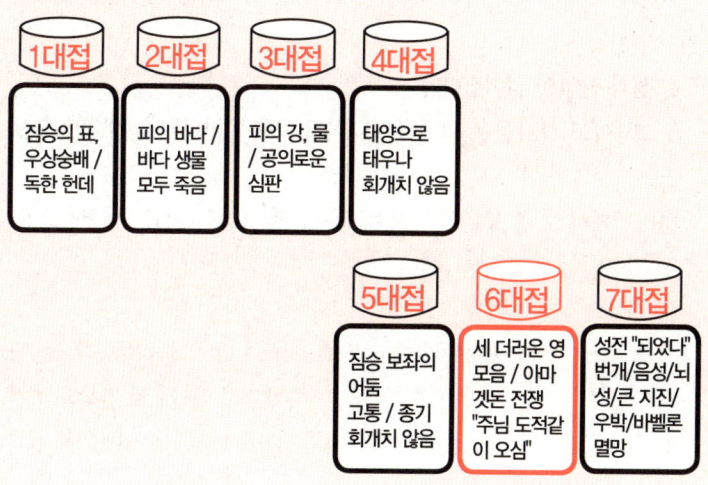

1. 예수님께서 성전에서 "되었다" 하십니다.

　예수님께서 십자가 상에서 우리 죄 사함을 "다 이루었다" 외쳤듯이, 하나님의 오래 참음과 자비와 관용이 다 되었고, 그 동무 종들과 형제들이 죽음의 수가 다 찼고, 세상 사람 중에 내 백성이 이제는 바벨론에서 다 나왔기에 "되었다" 하십니다.

"일곱째가 그 대접을 공기 가운데 쏟으매 큰 음성이 성전에서 보좌로부터 나서 가로되 되었다 하니"(계 16:17).

२. 번개와 큰 음성과 가장 큰 지진
३. 만국과 바벨론의 멸망

특별히 바벨론의 세력과 멸망에 대하여 17장, 18장에 음녀에 내릴 심판과 바벨론 멸망에 대하여 자세히 풀어 설명한 것으로 음녀는 타락한 교회인 바벨론입니다.

४. 섬과 산악이 없어집니다
५. 그럼에도 사람들은 회개치 아니하고 오히려 하나님을 훼방합니다.

하나님께서 그 종 모든 선지자에게 주님께서 강림하시는 장면을 보여주신 말씀입니다.

"보라 **여호와께서 불에 옹위되어 강림**하시리니 그 수레들은 회리바람 같으리로다 그가 혁혁한 위세로 노를 베푸시며 **맹렬한 화염으로 견책하실 것이라** 여호와께서 불과 칼로 모든 혈육에게 심판을 베푸신즉 여호와께 살륙 당할 자가 많으리니"(사 66:15,16).

"시온에서 나팔을 불며 나의 성산에서 호각을 불어 이 땅 거민으로 다 떨게 할찌니 이는 **여호와의 날**이 이르게 됨이니라 이제 임박하였으니 곧 어둡고 캄캄한 날이요 빽빽한 구름이 끼인 날이라 새벽 빛이 산꼭대기에 덮인 것과 같으니 이는 많고 강한 백성이 이르렀음이라 이 같은 것이 자고 이래로 없었고 이후 세세에 없으리로다 **불이 그들의 앞을 사르며 불꽃이 그들의 뒤를 태우니** 그 전의 땅은 에덴동산 같았으나 그 후의 땅은 황무한 들 같으니 그들을 피한 자가 없도다"(욜 2:1-3).

"또 내가 하늘이 열린 것을 보니 보라 백마와 탄 자가 있으니 그 이름은 충신과 진실이라 그가 공의로 심판하며 싸우더라 **그 눈이 불꽃 같고** 그 머리에 많은 면류관이 있고 또 이름 쓴 것이 하나가 있으니 자기 밖에 아는 자가 없고 또 그가 피 뿌린 옷을 입었는데 그 이름은 하나님의 말씀이라 칭하더라 하늘에 있는 군대들이 희고 깨끗한 세마포를 입고 백마를 타고 그를 따르더라 그의 입에서 이한 검이 나오니 그것으로 만국을 치겠고 친히 저희를 철장으로 다스리며 또 친히 하나님 곧 전능하신 이의 맹렬한 진노의 포도주 틀을 밟겠고"(계 19:11-15).

"가로되 주의 강림하신다는 약속이 어디 있느뇨 조상들이 잔 후로부터 만물이 처음 창조할 때와 같이 그냥 있다 하니 이는 하늘이 옛적부터 있는 것과 땅이 물에서 나와 물로 성립한 것도 하나님의 말씀으로 된 것을 저희가 부러 잊으려 함이로다 이로 말미암아 그때 세상은 물의 넘침으로 멸망하였으되 **이제 하늘과 땅은 그 동일한 말씀으로 불사르기 위하여 간수하신 바** 되어 경건치 아니한 사람들의 심판과 멸망의 날까지 보존하여 두신 것이니라 사랑하는 자들아 주께는 하루가 천 년 같고 천 년이 하루 같은 이 한 가지를 잊지 말라 주의 약속은 어떤 이의 더디다고 생각하는 것 같이 더딘 것이 아니라 오직 너희를 대하여 오래 참으사 아무도 멸망치 않고 다 회개하기에 이르기를 원하시느니라 그러나 **주의 날이 도적 같이 오리니** 그 날에는 하늘이 큰 소리로 떠나가고 **체질이 뜨거운 불에 풀어지고** 땅과 그 중에 있는 모든 일이 드러나리로다 이 모든 것이 이렇게 풀어지리니 너희가 어떠한 사람이 되어야 마땅하뇨 거룩한 행실과 경건함으로 하나님의 날이 임하기를 바라보고 간절히 사모하라 그 날에 **하늘이 불에 타서 풀어지고 체질이 뜨거운 불에 녹아지려니와** 우리는 그의 약속대로 의의 거하는바 새 하늘과 새 땅을 바라보도다"(벧후 3:4-13).

"너희로 환난 받게 하는 자들에게는 환난으로 갚으시고 환난 받는 너희에게는 우리와 함께 안식으로 갚으시는 것이 하나님의 공의시니 주 예수께서 저의 능력의 천사들과 함께 **하늘로부터 불꽃 중에** 나타나실 때에 하나님을 모르는 자들과 우리 주 예수의 복음을 복종치 않는 자들에게 형벌을 주시리니 이런 자들이 주의 얼굴과 그의 힘의 영광을 떠나 영원한 멸망의 형벌을 받으리로다"(살후 1:6-9).

"내가 보았는데 왕좌가 놓이고 옛적부터 항상 계신 이가 좌정하셨는데 그 옷은 희기가 눈 같고 그 머리털은 깨끗한 양의 털 같고 **그 보좌는 불꽃이요 그 바퀴는 붙는 불이며 불이 강처럼 흘러 그 앞에서 나오며** 그에게 수종하는 자는 천천이요 그 앞에 시위한 자는 만만이며 심판을 베푸는데 책들이 펴 놓였더라"(단 9:9,10).

"그러면 사람들이 너희에게 말하되 보라 그리스도가 광야에 있다 하여도 나가지 말고 보라 골방에 있다 하여도 믿지 말라 **번개가 동편에서 나서 서편까지 번쩍임 같이** 인자의 임함도 그러하리라 주검이 있는 곳에는 독수리들이 모일찌니라"(마 24:26-28).

"그가 **번개 빛으로** 자기의 사면에 두르시며 바다 밑도 가리우시며 이런 것들로 만민을 징벌하시며 이런 것들로 식물을 풍비히 주시느니라"(욥 36:30,31).

"여호와여 주의 하늘을 드리우고 강림하시며 산들에 접촉하사 **연기가 발하게 하소서 번개를 번득이사 대적을 흩으시며 주의 살을 발하사 저희를 파하소서**"(시 144:5,6).

위 말씀들을 정리하여 보겠습니다. 주님이 강림하실 때 백마를 타고 천군 천사와 불꽃(하나님의 보좌)과 번개(심판의 도구)로 오십니다. 주의 날이 도적 같이 오는 날, 여섯 대접 후 베드로 후서 말씀인 "하늘이 큰 소리로 떠나가고 체질이 뜨거운 불에 풀어지고 땅과 그중에 있는 모든 일이 드러나리로다"와 계시록 16장의 일곱 대접의 문맥과 같은 말씀입니다. 주님 오실 때는 생명과 사망뿐입니다. 주님은 빛에 거하십니다. 이 빛이 죄 많은 인간 세상에 비치면 누가 살 수 있겠습니까?

"또 가라사대 네가 내 얼굴을 보지 못하리니 나를 보고 살 자가 없음이니라"(출 33:20).

 – **성도** : 교회에서 목회자들이 가르치는 말과 많이 다르네요?
 – **답변** : 성경적으로 의문이 있으면 질문해 주세요. 환란과 세상을 이기는 자에 관한 주님의 말씀 몇 구절 더 찾아보겠습니다!

"이 모든 것이 재난의 시작이니라 그 때에 사람들이 너희를 환난에 넘겨 주겠으며 너희를 죽이리니 너희가 내 이름을 위하여 모든 민족에게 미움을 받으리라 그 때에 많은 사람이 시험에 빠져 서로 잡아 주고 서로 미워하겠으며 거짓 선지자가 많이 일어나 많은 사람을 미혹하게 하겠으며 불법이 성하므로 많은 사람의 사랑이 식어지리라 그러나 **끝까지 견디는 자는 구원을 얻으리라** 이 천국 복음이 모든 민족에게 증거되기 위하여 온 세상에 전파되리니 그제야 끝이 오리라"(마 24:8-14).

"이것을 너희에게 이름은 너희로 내 안에서 평안을 누리게 하려 함이라 세상에서는 **너희가 환난을 당하나 담대하라 내가 세상을 이기었노라** 하시니라"(요 16:33).

"하나님을 사랑하는 것은 이것이니 우리가 그의 계명들을 지키는 것이라 그의 계명들은 무거운 것이 아니로다 **대저 하나님께로서 난 자마다 세상을 이기느니라** 세상을 이긴 이김은 이것이니 우리의 믿음이라 예수께서 하나님의 아들이심을 믿는 자가 아니면 세상을 이기는 자가 누구뇨"(요일 5:3-5).

"우리 주 예수 그리스도로 말미암아 **우리에게 이김을 주시는 하나님**께 감사하노니 그러므로 내 사랑하는 형제들아 견고하며 흔들리지 말며 항상 주의 일에 더욱 힘쓰는 자들이 되라 이는 너희 수고가 주 안에서 헛되지 않은 줄을 앎이니라"(고전 15:57,58).

"**이기는 자와 끝까지 내 일을 지키는** 그에게 만국을 다스리는 권세를 주리니"(계 2:26).

"**이기는 자**는 이와 같이 흰 옷을 입을 것이요 내가 그 이름을 생명책에서 반드시 흐리지 아니하고 그 이름을 내 아버지 앞과 그 천사들 앞에서 시인하리라"(계 3:5).

"또 내게 말씀하시되 이루었도다 나는 알파와 오메가요 처음과 나중이라 내가 생명수 샘물로 목마른 자에게 값없이 주리니 **이기는 자**는 이것들을 유업으로 얻으리라 나는 저의 하나님이 되고 그는 내 아들이 되리라"(계 21:6,7).

"그 사람이 그에게 이르되 네 이름이 무엇이냐 그가 가로되 야곱이니이다 그 사람이 가로되 네 이름을 다시는 야곱이라 부를 것이 아니요, **이스라엘이라 부를 것이니 이는 네가 하나님과 사람으로 더불어 겨루어 이기었음이니라**"(창 32:27,28).

- **답변** : 주님 오시기 전에 사탄과 한번 강건한 믿음으로 싸워 이겨 보고 싶은 마음이 없습니까?

- **성도** : 그렇지만 저는 환란 전에 가고 싶습니다.

- **답변** : 다시 말씀으로 정리하면, 예수님께서는 의인을 화액 전과 장래 노하심에서 건지실 것입니다. 하나님의 진노의 잔은 그리스도인들에게 내리는 재앙이 아닙니다. 우리는 그것을 출애굽 당시 고센 땅의 이스라엘 백성의 교훈에서 배울 수가 있습니다. 이 말씀의 진정한 의미와 믿음을 상고하였으면 합니다. 전쟁을 앞둔 주의 군사들이 있습니다. "깨어 있고 근신하라"는 말씀이 누구에게 "아멘"이 되겠습니까? "환란" 전에 우리는 다 올라간다는 그리스도인입니까? "환란" 기간에 주님의 복음을 전하려 준비하는 그리스도인입니까? 깊이 생각해 보길 바랍니다!"

2 화액과 장래 노하심에서 "방주와 밀실"의 보호

가. 들어가는 글

성경은 오늘날 세상의 모습을 많이 보여주고 있습니다. 특별히 예언의 말씀들은 복음과 양대 산맥을 이루며 성경 속을 흐르는데 복음은 하나님께서 우리를 어떻게 구원하시는가 하는 소식이요, 능력과 방법을 나타냅니다. 그것은 하나님께서 우리를 구원하시는 경험을 사람마다 개인적으로 갖는 것을 의미합니다. 그러나 예언은 이 세상에 흐름을 보여주는데 하나님의 백성들을 주께서 어떻게 인도하시며 또 어떠한 위험과 사탄의 기만에서 보호하시며, 또 어떤 것이 마귀의 계략이며, 하나님의 구속의 역사가 무엇인지를 성도들에게, 다시 말해서 복음을 경험한 자들에게 알려 주는 메시지입니다. 근래에 세상에 일어나는 사건들을 보면서 얼마나 자주 하나님께서 우리에게 예언의 말씀을 주시는지 모릅니다. 감사하며 찬양합니다. 세상은 정말 마지막을 향해서 치닫고 있습니다. 최근에 일어나고 있는 사건들을 지금 다 설명할 시간이 없습니다만, 정말 우리에게 경각심을 주면서 우리가 어느 시기에 어디에 살고 있는지 우리의 현 좌표를 분명히 보여주고 있습니다. 정말 깨어나서 근심하며 기도해야 할 때가 되었다고 생각됩니다.

오늘날 세상은 하나님의 진노의 대접이 쏟아질 시간이 빠르게 다가오고 있습니다. 하나님은 천하 열국과 사람들에게 은혜의 기간을 주십니다. 하나님은 말씀과 증거들을 보내셔서 그것들을 받아들이면 하나님의 보호를 받게 할 것이고, 예수님 당시의 유대인같이 거절하면 분노와 심판이 그들 위에 떨어지게 하실 것입니다. 만약 사람들이 은혜받기를 거절하고 진리보다는 어두움을 택하면 그들은 자기들이 택한 결과를 받게 될 것입니다.

"보라 여호와께서 그 처소에서 나오사 **땅의 거민들의 죄악을 벌하실 것**이라 땅이 그 위에 잦았던 피를 드러내고 그 살해당한 자를 다시는 가리우지 아니하리라"(사 26:21).

주 하나님은 곧 진노 중에 일어나셔서 노아 시대의 사람들의 죄를 되풀이하는 사람들 머리 위에 기록된 심판의 대접을 부으실 것입니다. 소돔 성 사람들의 마음같이 죄를 짓기로 마음을 완전히 굳힌 사람들은 그들처럼 멸절을 당할 것입니다. 하나님이 인내와 자비를 가지셨다는 것은 사실이나 그분의 심판이 오래 지체되어 왔다는 그 사실이 심판이 시작될 때 그 벌을 하나도 가볍게 하시거나 경감시키지 않을 것입니다. 이러한 마음가짐 아래, 이미 우리가 말씀을 통해서 한번은 들어봤던 것으로 아주 중요한 경험에 대해서 함께 상고하면 좋겠습니다. 사실 하나님의 모든 말씀은 우리가 전에 들었거나 아니면 우리가 현재 상고하고 있는 것입니다. 그러나 그 말씀을 우리가 다시 읽고, 다시 상고하고, 다시 묵상할 때, 새로운 빛이 들어오고, 주님의 말씀이 우리 속 깊이 더 뿌리를 박고 열매를 맺게 되어 있으며 또한 우리의 경험이 주 안에서 더 넓게 높게 깊게 자라게 되는 것입니다. 이 단순한 주의 말씀을 가지고 현재 이 마지막 시대에 방주 안에서의 노아의 경험과 밀실의 경험이라는 주제를 통하여 우리는 어떠한 경험을 해야 할지에 대해서 같이 기도하는 마음으로 상고하기를 바랍니다.

각 시대를 보시는 하나님의 눈은 지상의 권세 잡은 자들이 하나님의 백성들을 핍박하고 학살할 때 그들이 당해야 하는 위기를 보셨습니다. 그들은 마치 사로잡혀 사방으로 우겨쌈을 당한 사람들처럼 주림과 학대로 죽음의 공포에 떨었습니다. 그러나 마지막 시대의 영적 싸움에서는 이스라엘 백성 앞에서 홍해를 갈라놓으신 전능하신 하나님께서는 당신의 강한 능력을 나타내셔서 그들을 악한 자들에 의한 죽음의 사로잡힘에서 보호하여 주실 것입니다.

"만군의 여호와가 이르노라 내가 나의 정한 날에 그들로 나의 특별한 소유를 삼을 것이요 또 **사람이 자기를 섬기는 아들을 아낌같이 내가 그들을 아끼리라**"(말 3:17).

나. 방주 안과 밀실의 경험

"밀실"은 영어로 "Secret room" 또는 "Secret chamber" 라고 합니다. 우리는 이 밀실을 여러 가지로 적용할 수 있습니다. 물론 비밀스러운 장소입니다. 그 안에 들어가 있는 그 사람 이외에는 다른 사람들이 엿볼 수 없는 장소입니다. 그 안에서 경험하는 것은 다른 사람들이 경험할 수 없는 것입니다. 그들만이 아는 것입니다. 마치 이 밀실은 하나님께서 우리를 보호하시기 위해서 특별히 마련하신 장소로서 들어갈 사람들만 볼 수 있습니다. 성경을 통해 연관 지어 생각해 보면 일반적으로 밀실이라 함은 무엇을 떠오르게 합니까?

신랑과 신부가 사용하는 침실입니다. 다른 누구도 침입할 수 없는 곳입니다. 둘만의 장소입니다. 이 밀실은 하나님과 우리가 다른 사람이 이해 못 하는 우리 개인적이고 영적인 깊은 교제를 나누는 것입니다. 우리의 영혼이 하나님의 깊은 것을 이해하는 그런 장소입니다. 하나님께서 우리 마음속에 들어오셔서 우리가 어떤 다른 것이나, 어떤 우상의 더럽힘도 없이, 우리의 신랑 되신 예수 그리스도께 온전히 헌신하며, 주님께서 우리 마음을 깨끗하게 하시고, 거룩하게 만드는 특별한 경험을 의미합니다. 하나님께서는 특별히 마지막 시대에 밀실로 주의 백성을 부르신다고 말씀하셨는데 그러한 말씀을 보면서 상고하겠습니다.

"내 백성아 갈찌어다 **네 밀실에 들어가서 네 문을 닫고** 분노가 지나기까지 잠간 숨을찌어다 보라 여호와께서 그 처소에서 나오사 땅의 거민의 죄악을 벌하실 것이라 땅이 그 위에 잦았던 피를 드러내고 그 살해 당한 자를 다시는 가리우지 아니하리라"(사 26:20,21).

이사야 26장 후반기에 보면 하나님께서 이제 세상 마지막 시대에 악인들을 심판하시는 그러한 장면이 기록되어 있습니다. 주님께서 악인을 심판하시고, 의인들을 옹호하시고 보호하시며 악인들을 주의 진노의 특별한 심판에 대해서 기록하면서 이렇게 말씀하셨습니다. 이제 주님께서 심판하시는 시간이 다가옴으로... 우리 각자는 영혼을 거룩하고 비밀스러운 곳인 하나님과 나만 있는 장소에서, 아무도 이해하지 못하는 그런 경험 속에서 우리가 문을 닫고 주님과만 앉아서 숨는 경험이 지금 필요합니다. 지금 우리는 밀실에 들어가 있는 경험을 계속해야 합니다. 특별히 이 말씀의 시기는 오랫동안 주님께서 참았던 인내가 끝난 그 상태에서 마지막으로 심판하실 그때에, 주의 백성들을 하나님께서 그 밀실에 받아 주시고 보호하실 것입니다.

"이방들이 분노하매 주의 진노가 임하여 죽은 자를 심판하시며 종 선지자들과 성도들과 또 무론대소하고 주의 이름을 경외하는 자들에게 상 주시며 또 땅을 망하게 하는 자들을 멸망시키실 때로소이다 하더라"(계 11:18).

"또 내가 들으니 성전에서 큰 음성이 나서 일곱 천사에게 말하되 너희는 가서 하나님의 진노의 일곱 대접을 땅에 쏟으라 하더라"(계 16:1).

지금은 마지막 시대입니다. 하나님께서 인류역사 6000여 년 동안 인내하시고 참아 오시다가 마지막에 의인들이 핍박당하고 학살을 당할 때 주님께서 일어나셔서 당신의 백성들을 보호하시되 당신의 날개 밑에 보호하시는데, 은밀한 장소인 밀실을 닫아두시고 문을 걸어 잠그시고 그 속에서 보호하시면서 악인들을 이 세상에서 진노하심으로 심판하시는 때를 말씀하는 것입니다. 그러므로 이 밀실에 들어가서 마지막 보호에 은혜의 경험을 할 자들은, 매일매일 주님과 밀실의 경험을 가져야 합니다. 그러면 이것이 무슨 뜻인지 성경을 보면서 공부하겠습니다.

"또 다른 천사 곧 셋째가 그 뒤를 따라 큰 음성으로 가로되 만일 누구든지 짐승과 그의 우상에게 경배하고 이마에나 손에 표를 받으면 그도 하나님의 진노의 포도주를 마시리니 그 진노의 잔에 섞인 것이 없이 부은 포도주라 거룩한 천사들 앞과 어린 양 앞에서 불과 유황으로 고난을 받으리니"(계 14:9,10).

성경을 보면 예수님께서 재강림하실 때 악인들은 예수 그리스도의 영광의 광채로 악인들은 설 자리가 없게 되며 죽을 수밖에 없습니다. **"그 날에 여호와께서 높은 데서 높은 군대를 벌하시며 땅에서 땅의 왕들을 벌하시리니** 그들이 죄수가 깊은 옥에 모임 같이 모음을 입고 옥에 갇혔

다가 여러 날 후에 형벌을 받을 것이라 그 때에 달이 무색하고 해가 부끄러워하리니 이는 만군의 여호와께서 시온산과 예루살렘에서 왕이 되시고 그 장로들 앞에서 영광을 나타내실 것임이니라"(사 24:21-23).

"네가 많은 모략을 인하여 피곤케 되었도다 하늘을 살피는 자와 별을 보는 자와 월삭에 예고하는 자들로 일어나 네게 임할 그 일에서 너를 구원케 하여 보라 **보라 그들은 초개 같아서 불에 타리니 그 불꽃의 세력에서 스스로 구원치 못할 것이라 이 불은 더웁게 할 숯불이 아니요 그 앞에 앉을 만한 불도 아니니라** 너의 근로하던 것들이 네게 이같이 되리니 너 어려서부터 너와 함께 무역하던 자들이 각기 소향대로 유리하고 너를 구원할 자 없으리라"(사 47:13-15).

"만군의 여호와께서 벽력과 지진과 큰 소리와 회리바람과 폭풍과 **맹렬한 불꽃으로 그들을 징벌**하실 것인즉"(사 29:6).

"**내가 너를 불 끄듯 할 때에** 하늘을 가리워 별로 어둡게 하며 해를 구름으로 가리우며 달로 빛을 발하지 못하게 할 것임이여"(겔 32:7).

"**내가 이적을 하늘과 땅에 베풀리니 곧 피와 불과 연기 기둥이라** 여호와의 크고 두려운 날이 이르기 전에 해가 어두워지고 달이 핏빛 같이 변하려니와"(욜 2:30,31).

"사람이 많음이여, 판결 골짜기에 사람이 많음이여, **판결 골짜기에 여호와의 날이 가까움이로다** 해와 달이 캄캄하며 별들이 그 빛을 거두도다 나 여호와가 시온에서 부르짖고 예루살렘에서 목소리를 발하리니 하늘과 땅이 진동되리로다 그러나 나 여호와는 내 백성의 피난처, 이스라엘 자손의 산성이 되리로다 그런즉 너희가 나는 내 성산 시온에 거하는 너희 하나님 여호와인 줄 알 것이라 예루살렘이 거룩하리니 다시는 이방 사람이 그 가운데로 통행하지 못하리로다 그 날에 산들이 단 포도주를 떨어뜨릴 것이며 작은 산들이 젖을 흘릴 것이며 유다 모든 시내가 물을 흘릴 것이며 여호와의 전에서 샘이 흘러 나와서 싯딤 골짜기에 대리라 그러나 애굽은 황무지가 되겠고 에돔은 황무한 들이 되리니 이는 그들이 유다 자손에게 강포를 행하여 무죄한 피를 그 땅에서 흘렸음이니라 유다는 영원히 있겠고 예루살렘은 대대로 있으리라 **내가 전에는 그들의 피 흘림 당한 것을 갚아주지 아니하였거니와 이제는 갚아주리니** 이는 나 여호와가 시온에 거함이니라"(욜 3:14-21).

"**여호와께서 가라사대 내가 지면에서 모든 것을 진멸하리라** 내가 사람과 짐승을 진멸하고 공중의 새와 바다의 고기와 거치게 하는 것과 악인들을 아울러 진멸할 것이라 내가 사람을 지면에서 멸절하리라 나 여호와의 말이니라"(습 1:2,3).

"**여호와의 큰 날이 가깝도다** 가깝고도 심히 빠르도다 여호와의 날의 소리로다 용사가 거기서 심히 애곡하는도다 그 날은 분노의 날이요 환난과 고통의 날이요 황무와 패괴의 날이요 캄캄하고 어두운 날이요 구름과 흑암의 날이요 나팔을 불어 경고하며 견고한 성읍을 치며 높은 망대를 치는 날이로다 내가 사람들에게 고난을 내려 소경 같이 행하게 하리니 이는 그들이 나 여호와께 범죄하였음이라 또 그들의 피는 흘리워서 티끌 같이 되며 그들의 살은 분토 같이 될찌라 그들의 은과 금이 여호와의 분노의 날에 능히 그들을 건지지 못할 것이며 이 온 땅이 **여호와의 질투의 불에 삼키우리니 이는 여호와가 이 땅 모든 거민을 멸절하되 놀랍게 멸절할 것임이니라**"(습 1:14-18).

"여호와께서 가라사대 이스라엘 자손들아 너희는 내게 구스 족속 같지 아니하냐 내가 이스라엘을 애굽 땅에서, 블레셋 사람을 갑돌에서, 아람 사람을 길에서 올라오게 하지 아니하였느냐 보라 주 **여호와 내가 범죄한 나라에 주목하여 지면에서 멸하리라** 그러나 야곱의 집은 온전히 멸하지는 아니하리라 이는 여호와의 말씀이니라"(암 9:7,8).

"**주의 날에는 살의 빛과 주의 번쩍이는 창의 광채로 인하여** 해와 달이 그 처소에 멈추었나이다 주께서 노를 발하사 땅에 둘리셨으며 분을 내사 열국을 밟으셨나이다"(합 3:11,12).

"그 때에 그 환난 후 해가 어두워지며 달이 빛을 내지 아니하며 **별들이 하늘에서 떨어지며 하늘에 있는 권능들이 흔들리리라** 그 때에 인자가 구름을 타고 큰 권능과 영광으로 오는 것을 사람들이 보리라 또 그 때에 저가 천사들을 보내어 자기 택하신 자들을 땅 끝으로부터 하늘 끝까지 사방에서 모으리라"(막 13:24-27).

"내가 너희에게 이르노니 그 밤에 두 남자가 한 자리에 누워 있으매 하나는 데려감을 당하고 하나는 버려둠을 당할 것이요 두 여자가 함께 매를 갈고 있으매 **하나는 데려감을 당하고 하나는 버려둠을 당할 것이니라** 저희가 대답하여 가로되 주여 어디오니이까 가라사대 **주검 있는 곳에는 독수리가 모이느니라 하시니라**"(눅 17:34-37).

(우리말 성경)
"내가 너희에게 말한다. 그날 밤에는 두 사람이 한 침대에서 자다가 하나는 취해질 것이고 하나는 남겨질 것이다. 두 여인이 함께 곡식을 갈다가도 하나는 취해질 것이고 하나는 남겨질 것이다. 제자들이 물었습니다. "주여, 이런 일이 어디서 있겠습니까?" 예수께서 대답하셨습니다. "**시체가 있는 곳에 독수리가 모여들 것이다.**"(눅 17:34-37).

그다음에 예수님께서 재림하신 후에 의인들은 주님과 함께 천 년 동안 왕 노릇 할 것이고, 악인들은 이 세상에 황폐한 곳에 죽어 있다가, 두 번째 부활인 심판의 부활로 천년기 이후에 다시 일어날 것이라고 했습니다. 그러므로 악인들은 예수님께서 오실 때 진노의 불로 멸망을 당할 것이요, 이 지구상 역사 맨 마지막 천년기 이후에 다시 예수님께서 말씀하신 것처럼 악인의 부활, 심판의 부활이 있습니다. 맨 마지막에 천년기 이후에 악인의 부활이 있고 거기에 하나님의 마지막 각 사람의 행위에 대한 불의 심판이 있을 것을 요한계시록 20장을 보면 알 수 있습니다. 그러나 영광과 불꽃 중에 예수님께서 오시는 재림 이전에 하나님의 진노의 일곱 대접 심판이 있습니다. 성경은 짐승의 표를 받고 그 우상에게 경배하는 자들은 밤낮 쉼을 얻지 못한다고 했습니다. 하나님의 인을 받지 못하고 성령의 은혜 가운데 살지 못하는 자들, 잘못된 길에서 사탄의 영을 받아 사는 자들은 그 마음 가운데 참된 안식의 경험이 없습니다. 쉼의 경험이 없는 것입니다. 그러므로 하나님의 진노는 어떤 의미에서 계속 우리가 주님의 길에 서지 못하고, 성령의 감동을 받지 못할 때, 잘못된 오류에 서 있을 때, 죄의 습관을 가지고 죄 가운데 서 있을 때, 그 영혼은 안식이 없고 밤낮 쉼을 얻지 못하면서 하나님의 진노 가운데 있다고 할 수 있습니다.

오늘날 얼마나 많은 사람이 예수님을 믿는다고 하지만, 그들 마음 가운데 진정한 평화는 없습니다. 진정한 죄사함의 기쁨이 없고 구원의 즐거움이 없으며 죄의 승리가 없습니다. 왜 그렇습니까? 하나님의 말씀 가운데 있지 못하고 오류 가운데 있기 때문입니다. 스스로 자기 마음을 달래면서 스스로 자기 최면을 통해서 "나는 구원받았다. 나는 평안이 있다. 나는 영생 가운데 있다. 아무도 영생을 빼앗지 못할 것이다."라고 합니다. 그러나 조용히 혼자 있을 때 그 양심이 괴롭고 하늘에 쉼이 없고 마음 가운데 답답하고 하나님의 진노와 심판을 느끼는 사람들이 얼마나 많습니까?

"한 번 구원받았으면 나는 영원히 받은 것이고 빼앗아 갈 자가 없고, 나는 영생 가운데 있고 예수 믿고 십자가 은혜 가운데 있다."

그렇게 말하는 사람들을 개인적으로 만나서 물어보고 질문할 때 많은 사람이 이런 고백을 합니다.

"혹시 저는 성령을 거스르는 죄를 진 것이 아닙니까? 왜 이렇게 마음 가운데 평안도 없고 즐거움도 없고 이렇게 괴롭고 죄책감이 많으며 마음이 냉랭합니다. 기도도 나오지 않고 찬송도 없습니다. 말씀도 없고 아무리 찾아도 진리로 인도해주는 사람들이 별로 없는 이 세상에서 자주 캄캄한 마음이 있습니다. 주님을 보면 책망을 받을 것 같고 두렵습니다."

우리가 아무리 이런저런 가르침을 가지고서 스스로 위로하고 스스로 잘못된 평안을 가지고 산다고 할지라도, 성령의 음성을 듣는 양심은 자기 안에 평안이 없어 괴로워하는 것입니다. 그런 자들은 하나님의 진노 가운데 사는 것입니다. 그러므로 우리가 하나님과 매일매일 교제하는 밀실로 경험 가운데 들어가야 합니다. 마지막에 주님께서 악인을 말씀대로 심판하시는 그 일이 생길 때, 우리가 하나님의 밀실 안에 주님의 보호함 가운데 있으려면, 지금 그것이 무엇인지 매일매일 조금씩 경험하는 것이 현재 있어야 할 것입니다.

다. 유월절과 무교절의 교훈

예수님께서는 구약의 규례대로 오후 3시 닛산 14일 유월절 양을 잡는 그 시간에 십자가에 돌아가셨습니다.

"그 피로 양을 먹을 집 문 좌우 설주와 인방에 바르고 그 밤에 그 고기를 불에 구워 무교병과 쓴 나물과 아울러 먹되 날로나 물에 삶아서나 먹지 말고 그 머리와 정강이와 내장을 다 불에 구워 먹고 아침까지 남겨 두지 말며 아침까지 남은 것은 곧 소화하라 너희는 그것을 이렇게 먹을찌니 허리에 띠를 띠고 발에 신을 신고 손에 지팡이를 잡고 급히 먹으라 이것이 **여호와의 유월절**이니라"(출 12:7-11).

유월절에는 누룩이 없는 떡을 먹습니다. 그것은 이제 우리 생애에서 죄를 없애는 과정의 경험을 하는 것입니다. 그리고 쓴 나물과 함께 먹습니다. 이 세상에 우리가 죄 없이 살며, 세상을 버리고 진리 위에 살 때 쓴 경험들이 들어옵니다. 사탄의 핍박과 어려움이 있습니다. 따돌림이 있습니다. 그래서 쓴 나물과 함께 먹는 것입니다. 이 세상의 고난을 주님과 함께 나누는 경험을 하는 것입니다.

"날로나 물에 삶아서나 먹지 말고 그 머리와 정강이와 내장을 다 불에 구워 먹고 아침까지 남겨 두지 말며 아침까지 남은 것은 곧 소화하라"(출 12:9).

"너희는 그것을 이렇게 먹을찌니 허리에 띠를 띠고 발에 신을 신고 손에 지팡이를 잡고 급히 먹으라 이것이 여호와의 유월절이니라"(출 12:11).

이것은 무슨 의미입니까? 애굽에서 노예 된 상태에서 빨리 나갈 준비를 하고 신발을 신고 허리띠를 띠고 나갈 준비를 하라는 것입니다. 이 사람들은 주님께서 곧 나가라! 하는 명령에 애굽을 떠나서 주님께서 인도하신 곳으로 갈 수 있는 완전한 준비를 한 상태에서 유월절 양을 먹었습니다. 무슨 양입니까? 바로 어린 양 예수님을 먹는 경험입니다! 예수님께서 말씀하시기를 너희가 내 살과 내 피를 마시지 아니하면 너희는 나와 아무 상관이 없고 모른다고 하셨습니다.

"예수께서 이르시되 내가 진실로 진실로 너희에게 이르노니 인자의 살을 먹지 아니하고 인자의 피를 마시지 아니하면 너희 속에 생명이 없느니라 내 살을 먹고 내 피를 마시는 자는 영생을 가졌고 마지막 날에 내가 그를 다시 살리리니 내 살은 참된 양식이요 내 피는 참된 음료로다 내 살을 먹고 내 피를 마시는 자는 내 안에 거하고 나도 그 안에 거하나니 살아계신 아버지께서 나를 보내시매 내가 아버지로 인하여 사는 것 같이 나를 먹는 그 사람도 나로 인하여 살리라 이것은 하늘로서 내려온 떡이니 조상들이 먹고도 죽은 그것과 같지 아니하여 이 떡을 먹는 자는 영원히 살리라"(요 6:53-58).

그때 많은 유대인이 이것이 무슨 말인가? 알아듣기 힘들다고 하였습니다. 세속적인 야망을 가진 자들은 다 떠나갔다고 요한복음 6장에서 설명하고 있습니다. 그러므로 우리가 주님을 개인적으로 깊이 아는 경험을 하려면 우리가 어떤 경험 가운데 있어야 합니까? 이 세상에서 나갈 그런 준비된 마음으로 주님과 함께 앉아야 합니다. 주의 말씀을 먹고 주의 성령을 받을 자들은 이 세상에서 출세하고, 이 세상에 잘 되기 위한 야망과 소원을 가지고는 하나님을 알 수가 없습니다. 하늘 보좌를 버리고 이 땅에 오신 예수 그리스도를 알 수 없습니다. 세상과 죄를 포기하고 세상에서 성공을 포기하고 영원한 하늘을 그리고 언제든지 주님께서 부르시면 당장 주님께 달려가 세상을 떠날 수 있는 태도를 가지고 주님과 사귐 가운데 있어야 합니다.

"너희는 이 세대를 본받지 말고 오직 마음을 새롭게 함으로 변화를 받아 하나님의 선하시고 기뻐하시고 온전하신 뜻이 무엇인지 분별하도록 하라"(롬 12:2).

"그러므로 주께서 말씀하시기를 너희는 저희 중에서 나와서 따로 있고 부정한 것을 만지지 말라 내가 너희를 영접하여 너희에게 아버지가 되고 너희는 내게 자녀가 되리라 전능하신 주의 말씀이니라 하셨느니라"(고후 6:17,18).

이것이 유월절 양을 먹는 경험입니다. 이것이 그 당시 밀실의 경험이었습니다. 그런 경험을 하는 자들만 주님께서 당신의 밀실 속에서 그들을 보호하시는 것입니다. 그날 무슨 일이 있었습니까? 장자를 죽이는 마지막 열째 재앙이 지나갔습니다. 문설주와 인방에 피를 바른 집에 그 피를 보고 심판의 천사가 지나갔습니다. 애굽 전체에 통곡하는 두려운 비명소리가 다 울려 퍼질 때, 그날 밤에 피를 바른 이스라엘 백성의 집에는 안전한 밀실의 경험이 있었습니다. 왜입니까? 그들이 유월절 양을 먹고 있었기 때문입니다. 그들이 신발을 신고 옷깃을 여미고 허리띠를 띠고 곧 나갈 준비를 차리고서 양을 먹고 있었기 때문에 그렇습니다. 우리가 세상의 욕심을 품거나 우상을 가지고 있으면 절대로 예수님과 사귐 가운데 들어갈 수 없습니다. 얼마나 적절한 예증을 주님께서 보여주셨습니까?

"내가 그 밤에 애굽 땅에 두루 다니며 사람과 짐승을 무론하고 애굽 나라 가운데 처음 난 것을 다 치고 애굽의 모든 신에게 벌을 내리리라 나는 여호와로라"(출 12:12).

"처음 난 것을 다 친다?"

처음 난 생축과 처음 난 사람인 장자를 다 쳐서 죽이는 것은 그 나라를 없애고 멸망시키신다는 뜻입니다. 장자가 없어진다는 의미는 유업을 이을 자가 없어지는 것입니다. 이런 재앙을 마지막에 주님께서 내리시는 것입니다.

"내가 애굽 땅을 칠 때에 그 피가 너희의 거하는 집에 있어서 너희를 위하여 표적이 될찌라 내가 피를 볼 때에 너희를 넘어가리니 재앙이 너희에게 내려 멸하지 아니하리라"(출 12:13).

예수 그리스도 십자가의 보혈이 우리를 보호합니다. 우리 이마에 표가 있어야 합니다. 우리 마음속에 표가 있어야 합니다. 예수님의 거룩한 피로 용서받았을 뿐 아니라, 죄가 도말 되는 경험의 표가 있기 때문에 심판의 천사가 넘어가는 것입니다. 매일 아니 앞으로 계속해서 일곱 재앙이 내릴 때까지 우리는 사실 영적인 유월절의 경험 가운데 있어야 합니다. 그것이 밀실의 경험입니다.

"너희는 이 날을 기념하여 여호와의 절기를 삼아 영원한 규례로 대대에 지킬찌니라"(출 12:14).

누룩이 섞인 떡을 먹으면 안 됩니다. 누룩은 죄를 상징합니다. 죄는 조그만 것이라도 들어가면 그것이 퍼지게 되는 것입니다. 마음 가운데 이기심이 들어가고, 불만이 들어가고, 교만이 들어가면 퍼지는 것입니다. 죄는 은밀하고 신기한 것입니다. 거룩했던 천사장 루시퍼의 마음 가운데 조그마한 죄가 들어가서 그것을 버리지 않았을 때 거룩한 하나님께서 그를 책망했습니다. 나중에 그것이 더 큰 죄가 되고 결국은 반역하여 천사의 1/3을 멸망시키고 악령으로 만들었습니다. 그리고 이 세상도 6000년 동안 죄의 역사로 고통스럽게 만들었습니다. 이것이 죄입니다. 우리 속에 죄의 씨앗이 없어야 합니다. 그것이 제거되어야 합니다. 어린 양을 먹으면서 주의 말씀을 먹고 그의 피에 참여하면서 씻고 또 씻으면서 진노하는 심판의 천사가 넘어가도록 유월절의 경험이 있어야 합니다. 이것을 그 당시에 "밀실의 경험"이라고 합니다.

"너희는 칠일 동안 무교병을 먹을찌니 그 첫날에 누룩을 너희 집에서 제하라 무릇 첫날부터 칠일까지 유교병을 먹는 자는 이스라엘에서 끊쳐지리라"(출 12:15).

죄가 있는 사람은 마지막 재앙 때 그 재앙을 고스란히 받을 것입니다. 이스라엘 백성에게서, 영적인 주님의 교회에게서 끊어짐을 당하는 것입니다. 주님께서 경고하십니다. "너희 집에서 누룩, 죄를 제하라!"고. 이것이 주님께서 그 당시 당신의 백성을 인도하여 내실 때 밀실의 경험입니다.

"너희는 아무 유교물이든지 먹지 말고 너희 모든 유하는 곳에서 무교병을 먹을찌니라 모세가 이스라엘 모든 장로를 불러서 그들에게 이르되 너희는 나가서 너희 가족대로 어린 양을 택하여 유월절 양으로 잡고 너희는 우슬초 묶음을 취하여 그릇에 담은 피에 적시어서 그 피를 문 인방과 좌우 설주에 뿌리고 아침까지 한 사람도 자기 집 문밖에 나가지 말라"(출 12:20-22).

유월절 어린 양의 피를 어디에 바릅니까? 인방과 좌우 문설주에 바릅니다. 그리고 나머지 피는 그 땅 밑에 쏟았습니다. 무슨 의미입니까? 십자가 표시입니다. 하나님께서 이 유월절 피를 바르게 하시면서 십자가에 돌아가실 메시아에 대해 정확하게 예언해 주신 것을 우리가 이 경험 가운데 보는 것입니다.

"여호와께서 애굽 사람을 치러 두루 다니실 때에 문 인방과 좌우 설주의 피를 보시면 그 문을 넘으시고 멸하는 자로 너희 집에 들어가서 너희를 치지 못하게 하실 것임이니라"(출 12:23).

얼마나 놀라운 말씀입니까? 피를 인방과 문설주에 바르는 경험을 말하고 있습니다. 그때 애굽 사람들은 그러한 행동을 비웃고 조롱하였을 것입니다. 그러나 이 어린 양의 피가, 예수님의 피로 그들을 보호하는 밀실이 될 것을 그들은 전혀 알지 못했습니다. 그때에 장자들은 부모 품에서 애굽 사람들이 비명을 지르는 소리를 들으면서 두려운 가운데 그 밤을 지내며 이스라엘 장자들이 묻습니다.

"아버지 우리가 피를 발랐습니까?"

그때 아버지는 장자를 데리고 가서 피를 바른 인방과 문설주를 보여

주며 확인시켜 줍니다. 그때 장자는 그 밤을 평안한 마음으로 잠들 수 있었습니다. 여러분과 가족들의 마음에 하나님의 거룩한 어린양의 피가 발라져 있습니까? 그런데 그 피는 우리 죄를 용서할 뿐만 아니라 우리를 거룩하게 만들어 주어야 합니다.

"너희는 그것을 이렇게 먹을찌니 허리에 띠를 띠고 발에 신을 신고 손에 지팡이를 잡고 급히 먹으라 이것이 여호와의 유월절이니라"(출 12:11).

문설주에 유월절 양의 피를 바르고, 무교병은 집안에서 모든 누룩을 제하여야 합니다. 이것이 여호와의 유월절입니다. 예수님의 살과 피를 먹는데 천천히 오늘 조금 먹고 한 달 후에 조금 먹고 그게 아닙니다. 주님께 헌신하고 죄를 용서받고 굴복하는 일은 단번에 해야 합니다. 한꺼번에 해야 합니다. 죄에 대한 포기는 오늘 다섯 번 하고, 내일 열 번 하고, 모레 스무 번 하고, 그렇게 하는 것이 아닙니다. 모든 죄는 다 주 앞에 받쳐지고, 예수님의 살과 피를 먹을 때, 한 번에 빨리 우리 마음 가운데 받아들여야 합니다. 그리고 또한 집안에서 모든 누룩을 제거하여야 했습니다.

"내가 그 밤에 애굽 땅에 두루 다니며 사람과 짐승을 무론하고 애굽 나라 가운데 처음 난 것을 다 치고 애굽의 모든 신에게 벌을 내리리라 나는 여호와로라 내가 애굽 땅을 칠 때에 그 피가 너희의 거하는 집에 있어서 너희를 위하여 표적이 될찌라 내가 피를 볼 때에 너희를 넘어가리니 재앙이 너희에게 내려 멸하지 아니하리라"(출 12:12,13).

내가 피를 볼 때에 너희를 넘어가리니 재앙이 너희에게 내려 멸하지 아니하리라고 하셨습니다. 왜입니까? 그들이 밀실 가운데 있기 때문에 그렇습니다.

"하나님은 우리의 피난처시요 힘이시니 환난 중에 만날 큰 도움이시라 그러므로 땅이 변하든지 산이 흔들려 바다 가운데 빠지든지 바닷물이 흉용하고 뛰놀든지 그것이 넘침으로 산이 요동할찌라도 우리는 두려워 아니하리로다(셀라)"(시 46:1-3).

두려움이 없습니다. 우리의 마음과 우리의 집에 예수 그리스도의 거룩한 피가 발라져 있기 때문에 그렇습니다. 그런데 이 보혈의 능력은 우리를 용서할 뿐만 아니라 우리의 생활 가운데 죄를 승리하는 능력이 되어야 합니다. 주의 복음은 능력이 있어서 죄에서 해방되어 죄짓지 않는 생활을 할 수 있도록 해주는 그것이 참으로 그리스도인들이 믿어야 할 보배로운 임마누엘의 피입니다.

라. 대속죄일의 교훈

성소 제도를 아십니까? 성소 뜰이 있고 성소가 있고 지성소가 있습니다. 이스라엘 전체는 1년에 한 번씩 대제사장을 통해 성소에서 지성소의 경험을 하는 것을 알 수 있습니다. 그래서 대속죄일은 이스라엘의 모든 죄를 도말하는 심판의 날입니다. 우리는 매일 죄를 회개합니다. 양을 잡아 피를 흘립니다. 피가 성소 안에 뿌려지고 중보의 기도를 통해서 죄를 용서받습니다. 그러나 1년 마지막 날 대속죄일에 그 영혼이 진실로 회개했는지, 그 회개한 죄를 진실로 버리고 도말을 받았는지, 다시는 그 죄를 반복하지 않을 정도로 하나님의 성령과 은혜로 인을 받았는지 성품이 정말 이루어졌는지 심판하시고 인치시는 날이 마지막 날 대속죄일이었습니다.

"**대속죄일**"(Yom Kippur, 욤 키푸르)은 Tishri 10일(보통 9,10월)에 이루어지는 절기이며 Kippur의 뜻은 Kaphar에서 온 단어로 "to cover"라는 "**덮는다**", "**도말한다**"는 뜻입니다. 고대의 유대인들이 해마다 정확하게 지키는 한 날이 바로 "욤 키푸르"라는 대속죄일입니다. 이날 온종일 유대인들은 금식합니다. 왜 대속죄일이 그렇게 중요할까요? 이날은 심판하는 날이었습니다. 각자의 운명이 결정지어지는 날이었습니다. 유대인들의 "대백과사전 2권"을 보면 대속죄일에 대하여 이렇게 설명되어 있습니다.

> 하나님께서는 세상을 심판하시기 위해서 당신의 보좌 위에 앉으신다. 그리고 책들이 펴 놓인다. (중략) 그는 목자가 막대기를 들고 양들을 그 밑으로 통과시키는 것처럼 하나님께서는 모든 살아있는 영혼들을 당신의 그 잣대 밑으로 통과하게 하셔서 살아있는 모든 피조물의 생애의 제한을 고정하시고, 즉 그들의 운명을 결정하신다. 이날은 인치는 날인데 어떤 자들이 살게 될 것이며, 어떤 자들이 죽게 되는지를 판단하는 날이다.

그때는 다시 한 번 모든 죄를 회개하고 버리는 마지막 경험을 하는 것이며, 그날은 심판을 통과하고 인침을 받는 날이었습니다.

성막의 구조상 경험을 살펴보면 성소 뜰의 경험이 있고 그다음에 성소의 경험이 있습니다. 성소에서 말씀으로 깨끗해지고 거룩해지고 하나님의 성품과 진리를 배우는 경험을 계속 해나가는 것입니다. 그다음에 지성소의 경험이 있습니다. 지성소의 경험은 피를 바르고 법궤 위 시은좌(속죄소)위에 뿌리는 그 장면을 볼 수가 있습니다. 대제사장이 법궤 시은좌 위에 피를 뿌립니다. 이 피는 흠 없는 숫양의 머리에 안수한 후 숫양을 잡아서 그 피를 가지고 그 위에서 뿌리기 때문에 이것은 깨끗한 주님의 보혈을 의미합니다. 이 피는 우리 마음 가운데 죄를 도말하는 것입니다. 이스라엘의 모든 죄를 다 깨끗하게 하고 도말하는 경험을 하는 것입니다. 우리의 대제사장이신 예수님과 대속죄일을 깊이 상고하기 바랍니다.

"그러므로 함께 하늘의 부르심을 입은 거룩한 형제들아 **우리의 믿는 도리의 사도시며 대제사장이신 예수를 깊이 생각하라**"(히 3:1).

"**너희는 영원히 이 규례를 지킬지니라** 칠월 곧 그 달 십일에 너희는 스스로 괴롭게 하고 아무 일도 하지 말되 본토인이든지 너희 중에 우거하는 객이든지 그리하라 이 날에 너희를 위하여 속죄하여 너희로 정결케 하리니 너희 모든 죄에서 너희가 여호와 앞에 정결하리라"(레 16:29,30).

하나님의 진노가 임하기 전에 경험해야 할 밀실의 경험은 무엇입니까? 밀실의 경험은 대속죄일에 숫염소의 피를 성소 기물에 바르고 죄를 영원히 도말하여 없애는 경험입니다. 어린 양과 조용한 밀실에 들어가서 주님의 자비로운 용서를 받되 그리스도의 성품이 내 속에 들어오고 어린 양의 살을 먹어 예수님의 성품과 진리와 뜻을 내가 받아들이는 것을 말합니다. 조심스럽게 먹습니다. 그것이 소화되어서 내 속에 들어가 모든 세포 속에 양분이 되는 것입니다. 나의 성품이 되는 것입니다. 내 생애가 되는 것입니다. 예수님의 가르침과 성품이 내 것이 되는 것입니다. 그리고 예수님의 피는 나를 씻으시되 다시는 죄를 반복하지 않도록 죄를 도말하는 거룩한 경험을 주는 것입니다.

이것이 마지막 시대의 밀실의 경험입니다. 이 경험 가운데 들어간 자들만이 앞으로 일곱 재앙에서 건짐을 받을 것입니다. 악한 자들은 매우 통분하고 애통하고 원통해 할 것입니다. 그것은 그들이 하나님과 하나님의 백성들의 심판의 외침에 대한 말씀을 등한히 하고 죄를 범하였기 때문이 아니라, 하나님이 승리하셨기 때문입니다. 그들은 현실적인 결과를 한탄하는 것이며 그들의 죄악을 회개하는 것은 아닙니다. 지금이라도 만일 그들이 하나님의 백성을 이길 수 있을 것 같으면, 그들은 그 일을 위하여 수단과 방법을 가리지 않을 것입니다. 그들이 조롱하고 모욕하고 멸망시키고자 희망했던 자들이 질병과 폭풍과 지진에도 아무런 해를 받지 않았다는 사실을 세상은 보게 될 것입니다. 하나님의 말씀을 버리고, 진리를 거절하고 회개치 아니한 자들을 심판하시는 하나님께서는 노아의 방주 안의 보호하심, 소돔과 고모라 성에서의 보호하심, 예루살렘이 멸망하기 전에 피신 한 보호, 그리고 마지막 시대의 밀실에서의 보호하심같이 당신의 백성들에게는 안전한 피난처요 보호자가 되십니다.

"내가 저희와 함께 있을 때에 내게 주신 아버지의 이름으로 저희를 보전하와 지키었나이다 그 중에 하나도 멸망치 않고 오직 멸망의 자식뿐이오니 이는 성경을 응하게 함이니이다"(요 17:12).

"내가 비옵는 것은 저희를 세상에서 데려가시기를 위함이 아니요 **오직 악에 빠지지 않게 보전하시기를 위함이니이다**"(요 17:15).

마. 맺음말

우리 주님 속히 오십니다! 이때는 정말 위기의 때입니다. 우리가 준비하되 옛날 주님께서 노아의 식구들을 방주에 들여 놓으신 후 문을 닫으신 것처럼 우리를 밀실 속에 집어넣으시고 문을 닫고 거룩한 날개로 덮어 주시기를 간절하게 바랍니다. 우리 주님 속히 오십니다! 주님께서 오늘도 주의 거룩한 말씀을 통하여, 마지막 심판의 시대에 주님께서 우리를 어떻게 보호하시고 유월절의 경험을 하게 하실지 가르쳐 주시고 상기시켜 주십니다. 거룩하신 주 예수 그리스도의 희생의 피가 우리 마음에 발라지게 하시고 우리를 겸손케 하시고 정말 죄를 회개하고 슬퍼하게 하시며 다시는 그런 죄들을 반복하지 아니할 거룩한 마음이 우리에게 있기를 기도합니다. 우리를 용서하시되 죄를 도말하여 주시고, 마지막에 밀실로 우리를 닫아 넣으시고 보호하여 주시고, 생애를 사는 동안 무교병만 먹는 삶을 살기를 예수 그리스도의 거룩하신 이름으로 간절하게 기도합니다.

우리 주님 속히 오십니다.
방주와 밀실 안에 보호를 받을 자격이 준비되셨습니까?
누가 능히 설 수 있겠습니까?

3. 천년왕국(천년기)의 시기와 목적

가. 의인들의 심판은 언제인가?

여러분은 앞으로 그리스도인들이 받을 상급은 "**영생**"이며, 그 받는 시기는 주님이 재림하실 때 그 약속하신 상급을 받게 될 것입니다.

"푯대를 향하여 그리스도 예수 안에서 하나님이 위에서 **부르신 부름의 상**을 위하여 좇아가노라"(빌 3:14).

"악을 악으로, 욕을 욕으로 갚지 말고 도리어 복을 빌라 이를 위하여 **너희가 부르심을 입었으니 이는 복을 유업으로 받게 하려 하심이라**"(벧전 3:9).

상급은 천국 부르심의 상입니다. 그렇다면 **그리스도인들은 심판을 받지 않는가?** 라는 의문이 있을 것입니다. 당연히 그리스도인들도 심판을 받아야 하며, 그 결과로 상을 받아야 하는데, 주님 오실 때 상을 받는다면, "**의인은 언제 심판을 받는가?**"라는 또 다른 의문이 있을 것입니다. 요한계시록 20장에 나오는 백 보좌 심판을 받을 그 때에, 의인들은 자신의 생애의 결과를 통해 상급을 받는다고 지금까지 교회에서 배워왔을 것입니다.

"또 내가 크고 **흰 보좌**와 그 위에 앉으신 자를 보니 땅과 하늘이 그 앞에서 피하여 간데 없더라 또 내가 보니 죽은 자들이 무론 대소하고 그 보좌 앞에 섰는데 책들이 펴 있고 또 다른 책이 펴졌으니 곧 생명책이라 죽은 자들이 **자기 행위를 따라 책들에 기록된대로 심판을 받으니** 바다가 그 가운데서 죽은 자들을 내어주고 또 사망과 음부도 그 가운데서 죽은 자들을 내어주매 각 사람이 자기의 행위대로 심판을 받고"(계 20:11-13).

그런데 이 백 보좌 심판은 앞서 성경을 살펴본 바와 같이, 의인들이 "상"을 타는 시기는 주님께서 재림하실 때이므로 서로 모순이 있습니다.

그럼 도대체 무엇이 문제이고, 이 백보좌 심판의 의미는 무엇일까요? 이러한 모순성의 원인은 ❶ **의인들이 받을 심판**과 ❷ **악인들이 받을 심판**의 순서와 내용을 혼동했기 때문입니다. 상식적으로 하늘의 신성한 재판정에서는 의인과 악인은 한 자리에 같이 설 수 없습니다. 그것은 거룩한 의인들에 대한 수치와 모욕이 될 것입니다. 세상에서는 알곡과 가라지가 섞여 있었지만, 마지막 추수 시에는 하나님께서도 알곡과 가라지가 같이 있음을 원치 않으십니다. 분명히 구별해 주신다고 하셨습니다. 하나님께서는 그러한 불합리한 재판장소를 준비하시지 않습니다. 성경은 의인들에게 예수님 재림 후에 타락한 세상과 천사를 심판할 것이라고 하였으며 라오디게아 시대의 교회에게 이기는 자에게는 예수님과 같이 보좌에 앉을 영광과 권세를 허락하였습니다.

"성도가 **세상을 판단**할 것을 너희가 알지 못하느냐 세상도 너희에게 판단을 받겠거든 지극히 작은 일 판단하기를 감당치 못하겠느냐 우리가 **천사를 판단**할 것을 너희가 알지 못하느냐 그러하거든 하물며 세상 일이랴"(고전 6:2,3).

"이기는 그에게는 내가 내 보좌에 함께 앉게 하여주기를 내가 이기고 **아버지 보좌에 함께 앉은 것과 같이 하리라** 귀 있는 자는 성령이 교회들에게 하시는 말씀을 들을찌어다"(계 3:21,22).

"또 내가 **보좌들을 보니** 거기 앉은 자들이 있어 **심판하는 권세를 받았더라** 또 내가 보니 예수의 증거와 하나님의 말씀을 인하여 목 베임을 받은 자의 영혼들과 또 짐승과 그의 우상에게 경배하지도 아니하고 이마와 손에 그의 표를 받지도 아니한 자들이 살아서 그리스도로 더불어 천 년 동안 왕 노릇 하니"(계 20:4).

우리는 예수님과 함께 심판하는 권세의 보좌에 앉아 있을 것인지, 아니면 악인의 자리에서 심판을 받을 것인지를 깊이 상고해야 할 것입니다. 우리는 하늘 심판대 앞에서 예수님의 충성스러운 그리스도인들이 다른 충성스러운 그리스도인들에게 어떻게 살았는지를 서로 묻고 심판할 수 없습니다. 왜냐면 우리는 다 왕의 신분과 제사장의 신분으로 하늘의 거룩한 법정에 동일한 신분을 갖고 있을 것이기 때문입니다. 그러면 이 백 보좌 심판은 무엇을 말씀하시고, 의인들은 언제 심판을 받을까요? 히브리서 3장 1절 말씀 중 대제사장이신 예수를 깊이 생각하라는 말씀을 기억하십니까?

"그러므로 함께 하늘의 부르심을 입은 거룩한 형제들아 우리의 믿는 도리의 사도시며 **대제사장이신 예수를 깊이 생각하라**"(히 3:1).

왜 예수님께서 대제사장으로 하늘 성소에 계시며 성경은 이를 깊이 생각하라고 특별히 당부합니까? 그것은 구약의 제사법을 이해하면 쉽게 알 수가 있습니다. 유대인들은 본인이 양을 잡고 소를 잡는 제사의식을 통해 자신의 죄를 하나님께 용서를 받았습니다. 그러나 그 죄에 대한 용서는 하나님께서 허락하신다고 해서 끝나는 것이 아니라, 죄의 용서를 구한 죄인이 그 죄에서 진정으로 떠나야 그것이 "진정한 회개"를 통한 "진정한 용서"가 될 수 있는 것입니다. 그러한 각 사람의 회개의 제사를 1년 동안 하나님께서 감찰하시다가, 바로 "대속죄일"이라는 1년에 한 번 있는 제사를 통해 완전한 죄의 도말을 허락받는 것입니다. "죄의 도말"이란 그것을 허락하시는 하나님의 용서와 그 죄의 용서를 비는 죄인의 진정한 회개가 있어야 성립할 수 있는 것입니다. 일방적인 죄 용서는 하나님의 구속의 계획이 아닙니다. 선한 행실로 말미암아 단 한 사람의 영혼도 구원을 받을 수 없는 것은 사실이지만, 반면에 어떤 영혼도 선한 행실이 전혀 없이 주님과 동행하기란 불가능한 것입니다. 주님을 영접했더라도 사람들은 자신만의 노력으로는 아무것도 성취할 수 없으며 그 노력 또한 무가치한 것입니다. 오직 그리스도와의 협력과 동행만이 세상에서 죄에 대한 회개와 용서와 죄 사함을 가능하게 합니다.

"나를 떠나서는 너희가 아무것도 할 수 없음이라"(요 15:5).

두 조건이 서로 연합이 되어야, 진정한 하나님의 죄 사함의 은혜가 있게 됩니다.

죄인의 진정한 "회개" + 하나님의 "용서" = "죄의 도말" (죄사함)

죄에 대한 하나님의 용서는 모든 사람에게 열려있고 저저 주시지만, 회개의 몫은 죄인의 의무입니다. 그것이 진정한 "하나님의 죄 사함"이 될 수 있습니다.

이와 같이, 우리도 예수님의 보혈의 공로로 죄의 용서를 하나님께 구하여 받았으나, 한 가지 남은 것은 우리가 그 죄에서 떠난 "진정한 회개"의 생활을 하고 있느냐가 문제입니다. 이 회개에 관한 문제는 B.C. 760년경 요나가 니느웨성에 가서 하나님의 심판을 전파할 때, 하나님께서 죄인들의 회개를 원하시는 마음에서 알 수 있습니다.

"하나님이 그들의 행한 것 곧 **그 악한 길에서 돌이켜 떠난 것을 감찰**하시고 뜻을 돌이키사 그들에게 내리리라 말씀하신 재앙을 내리지 아니하시니라"(욘 3:10).

그러나 요나의 회개의 말씀이 전해지고 약 100년이 지난 뒤, 나훔 선지자를 통해 니느웨의 멸망을 하나님께서는 다시 선포하셨습니다.

"나 여호와가 네게 대하여 명령하였나니 **네 이름이 다시는 전파되지 않을 것이라** 내가 네 신들의 집에서 새긴 우상과 부은 우상을 멸절하며 네 무덤을 준비하리니 이는 네가 쓸모없게 되었음이라"(나 1:14).

니느웨 백성들의 진정한 회개는 100년도 채 가지 않았습니다. 이러한 죄인들의 회개의 마음과 기도에 대하여 지금 우리 주 예수님께서 하늘 성소에서 대제사장으로 계신 이유와 목적을 레위기와 히브리서를 통해 그리스도인들에게 교훈하고 있습니다. 레위기 제사법과 히브리서의 하늘 성소를 병행해서 읽어 보기 바랍니다. 현재 우리의 신앙 여정을 지금 하늘 성소에서 대제사장으로 계신 예수님께서 살펴보고 계십니다. 대속죄일의 날처럼 진정한 회개를 하지 못하고, 죄에서 진정으로 돌이키지 못한 사람들이 이스라엘에서 끊어진 것처럼 하나님의 자비하심으로부터 끊어짐을 당할 것입니다.

나. 천년왕국의 시작(첫째 부활)과 끝(둘째 부활)

❶ 영생인 첫째 부활과 심판인 둘째 부활

여기 "환란 전 휴거"를 믿는 교회의 7년 환란 도표가 있습니다.

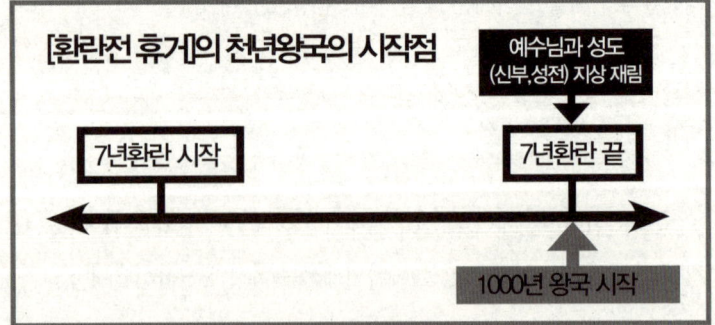

천년왕국의 시작은 언제일까요? 7년 환란이 끝나고 예수님께서 이 땅에 오시는 날부터 천년왕국이 시작됩니까? 이미 교회에서 부르시는 찬송을 통해 그 시기를 알 수 있었음에도 불구하고 그 찬송가 가사를 이해하지 못하고 있습니다. 찬송가 가사에는 천년왕국의 시기가 어떻게 기록이 되어 있습니까? 정말 많은 그리스도인이 이 천년왕국을 오랫동안 고대하고 있었습니다. 주님께서 만왕의 왕으로서, 영광의 왕으로서 오시기 때문입니다.

164장, 오랫동안 고대하던 천년왕국

1. 오랫동안 고대하던 천년왕국 이를 때 주의 신부 공중으로 들려 올라가겠네 항상 깨어 기도하며 어서 준비합시다 우리 주님 세상 다시 오시네

2. 그 때 모든 성도들의 기도 응답되리니 하나님을 모르는 이 천지간에 없으리 모든 질병 근심 고통 눈물 없이 하시려 우리 주님 세상 다시 오시네

3. 주의 구속함을 얻는 천만성도 일제히 거룩한 산 시온성에 기쁨으로 모이리 화평함과 인애로써 세상 다스리시려 우리 주님 세상 다시 오시네

4. 우리 주의 평화로운 천년 왕국 이를 때 그곳에는 죄와 고통 사망 없어지겠네 화평함과 인애로써 세상 다스리시려 우리 주님 세상 다시 오시네

그리스도인들은 주님의 신부로서, 성전으로서, 알곡으로서 주님을 기다리고 있는데 찬송가를 보면 매우 흥미로운 가사가 있습니다.

"오랫동안 고대하던 천년왕국 이를 때,
　주의 신부 공중으로 들려 올라가겠네"

매우 짧지만, 이 가사에 모든 성도들이 주님과 천년왕국이 이를 시기

와 성도들의 휴거 시기를 정확하게 성경적으로 표현하고 있습니다. 환란 전 휴거를 믿는 교회는 7년 환란이 끝나면 교회 즉 신부가 이 땅에 내려온다고 하였고 천년왕국이 시작된다고 하였는데, 찬송가는 천년 왕국이 시작되는 시기에 교회 즉 신부가 하늘로 올라간다고 되어 있습니다. 천년왕국이 끝나는 시점에 **교회=신부=성전=예루살렘** 성의 위치는 환란 전 휴거를 믿는 교회의 주장대로라면 이미 땅에 내려와 있기 때문에 별 의미가 없습니다만, 성경과 찬송가는 그때 하늘에서 땅으로 강림함을 말씀하고 있습니다.

* 환란전 휴거와 성경의 [천년왕국] 비교 *

말씀 구분	천년왕국 시작 시기	교회(신부)의 위치	천년왕국 끝 교회(신부)위치	교훈
환란전휴거	7년환란 끝	땅	이미 땅에 있음	둘 중 하나는 **"거짓"**
성경/찬송가	교회(신부) 공중 들림	하늘	땅으로 내려 옴 (계시록 21장)	

- 오랫동안 고대하던 천년왕국 이룰때 주의 신부 공중으로 들려 올라가겠네
- 이리 오라 내가 신부 곧 어린 양의 아내를 네게 보이리라 하고 성령으로 나를 데리고 크고 높은 산으로 올라가 하나님께로부터 하늘에서 내려오는 거룩한 성 예루살렘을 보이니

또한, 주님이 통치하시는 천년왕국이 시작되었음에도 불구하고 죄와 사망의 고통이 따르고, 사탄이 잡혀 있을 때에는 통치가 잘 되다가 사탄이 풀려나자, 백성들이 그것도 일부가 아니라 땅의 사방 백성 모두가 사탄에게 미혹되어 주님을 배도한다는 것은 예수님께서 이 땅에서 실패하시는 무능한 분이 되는 것입니다. 주님은 혼자서가 아니라 수만의 천사와 구원받은 수많은 그리스도인들이 왕과 제사장으로 있음에도 불구하고 능력이 없으신 분이십니까? 이것은 예수님께서 보혈을 흘리시며 세

상을 이기었고 죄에 대하여 승리하셨고, 다 이루었다는 말씀을 부끄럽게 하는 이상한 교리가 아닙니까? 결과적으로 이 교리는 예수님의 보혈의 능력과 사역을 부정하게 하는 세상의 잘못된 가르침입니다. 상식적으로 생각해 보기 바랍니다! 또한 "7년 환란" 후에 영광의 왕으로 오신 주님께서 그만 1000년이 지난 후 잠깐 놓인 사탄에게 또 사람들의 영혼을 빼앗기는 수모를 겪게 되십니다. 예수님께서는 분명히 말씀하셨습니다. 세상에 육신의 몸을 입고 있을 때도 그러하셨지만, 재림하신 주님께도 사탄과 죄는 관계할 것이 없습니다.

"이제 일이 이루기 전에 너희에게 말한 것은 일이 이룰 때에 너희로 믿게 하려 함이라 이후에는 내가 너희와 말을 많이 하지 아니하리니 이 세상 임금이 오겠음이라 그러나 저는 내게 관계할 것이 없으니"(요 14:29,30).

이 말씀은 재림하신 주님께서는 더 이상 "우리 영혼"을 사탄의 손에 허락하지 않으신다는 의미이기도 합니다. 만왕의 왕 예수님께서 그것도 사도들과 성도들이 내려와서 이 땅을, 우주에서 먼지보다 작은 이 세상을 통치하시는데 또다시 사망이 있고 사탄의 죄의 유혹에 넘어간다면 누가 능력자입니까? 그런 주님의 통치가 얼마나 불안합니까? 이것을 이해할 수 있습니까? 전지전능하신 하나님이시며, 만왕의 왕이신 예수님에게는 이제 죄와 상관이 없으신 분이십니다. 오랫동안 고대하던 천년 왕국 이를 때 주의 신부는 공중으로 들려 올라가며, 그때 모든 성도의 기도가 응답되며, 모든 질병, 근심, 고통, 눈물이 없어지며 그곳에는 죄도, 사망도, 전쟁도 없습니다.

"와서 **여호와의 행적을 볼찌어다** 땅을 황무케 하셨도다 저가 **땅 끝까지 전쟁을 쉬게 하심이여 활을 꺾고 창을 끊으며** 수레를 불사르시는도다"(시 46:8,9).

"내가 바알들의 이름을 저의 입에서 제하여 다시는 그 이름을 기억하여 일컬음이 없게 하리라 **그 날에는** 내가 저희를 위하여 들짐승과 공중의 새와

땅의 곤충으로 더불어 언약을 세우며 또 이 땅에서 활과 칼을 꺾어 전쟁을 없이 하고 저로 평안히 눕게 하리라"(호 2:17,18).

영광의 주로 오시는 주님께서 또다시 사람들의 영혼을 사탄에게 빼앗긴다는 것은 예수님을 모독하고 예수님의 권세를 부정하는 사람들입니다. 앞으로 오시는 분은 하나님이십니다. 그 점을 깊이 생각하기 바랍니다. 이러한 일들이 얼마나 허황하고 소설 같은 이야기이며 "신성모독"입니까? 무엇이 잘못되고, 무엇이 진리입니까?

지금부터 죄인들이 받을 심판은 언제 받으며, 어떻게 받는가를 성경적으로 증거 된다면, 의인들이 받는 심판의 시기와 천년왕국의 시기는 언제인지 궁금한 문제가 바르게 이해될 것입니다. 앞서 설명해 드린 첫째 부활과 둘째 부활의 의미와 교훈을 기억하십니까?

도표를 보시며 그 기억을 다시 되살려 보겠습니다.

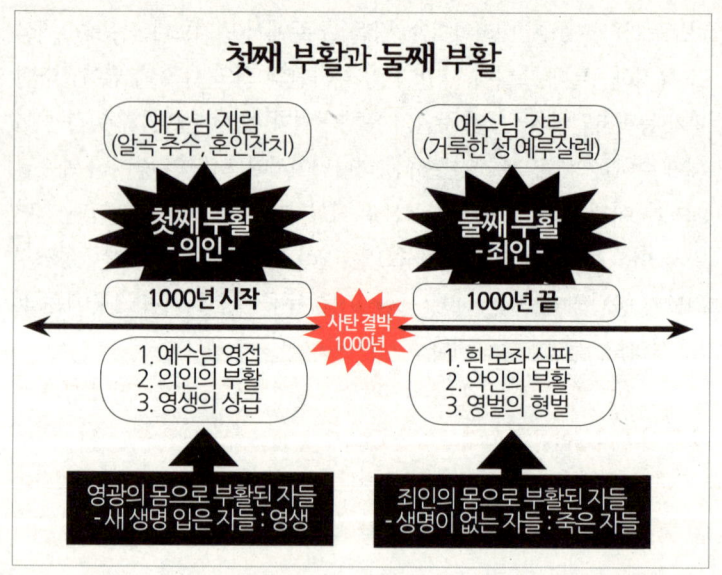

첫째 부활은 예수님 재림 때 영생을 상급으로 받아 새 생명을 얻어 영광의 몸으로 부활하는 의인들의 부활이며, 두 번째 부활은 백보좌 심판대에 서서 영벌의 형벌을 받기 위해 죄인의 몸으로 부활하는 생명이 없는 자들 즉 죽은 자들의 부활이며 심판의 부활이라고 설명해 드렸습니다. 그런데 이 의인과 악인의 첫째 부활과 둘째 부활의 시기에는 반드시 시간적 간격이 있게 되는데 그 간격이 천년기의 시간입니다.

"또 내가 크고 흰 보좌와 그 위에 앉으신 자를 보니 땅과 하늘이 그 앞에서 피하여 간데 없더라 또 내가 보니 죽은 자들이 무론 대소하고 그 보좌 앞에 섰는데 책들이 펴 있고 또 다른 책이 펴졌으니 곧 생명책이라 죽은 자들이 자기 행위를 따라 책들에 기록된 대로 심판을 받으니 바다가 그 가운데서 죽은 자들을 내어주고 또 사망과 음부도 그 가운데서 죽은 자들을 내어주매 각 사람이 자기의 행위대로 심판을 받고 사망과 음부도 불못에 던지우니 이것은 둘째 사망 곧 불못이라 누구든지 생명책에 기록되지 못한 자는 불못에 던지우더라"(계 20:11-15).

환란 전 휴거를 믿는 일부 교회들은 이 백보좌 심판대의 모습을 의인들과 악인들이 같이 심판을 받는 동영상을 제작하여 보여주며 가르치고 있습니다. 7년 환란 휴거론에 의하면 7년 환란 끝에 예수님과 성도들이 이 땅에 내려와서 천년을 통치하다가 천년 마지막 끝에 하나님의 백보좌 심판대에서 의인들과 악인들이 함께 모여 심판을 받게 된다고 합니다. 의인들은 그들의 삶에 대한 영광의 상급을 받기 위해 심판이 있고, 악인들은 각자 지은 죄에 대한 경중에 따라 심판을 받은 후 지옥의 형벌을 받게 됩니다. 그런데 이 심판의 광경을 자세히 생각해 보면 여러 가지 심각한 문제점들이 있음을 알게 될 것입니다.

첫 번째, 주님께서는 요한계시록 21장에서 "보라 내가 속히 오리니 내가 줄 상이 있어 각 사람에게 그의 일한대로 갚아 주리라." 하시며 재림하실 때 각 사람의 일한 삯은 정해져 있는데 즉 주님 오실 때 이미 의인들에게 상급이 주어진 것이 성경적인데 난데없이 천 년이 지난 후에야 의인들에게 상급을 주시기 위한 재판이 열리게 됩니다.

두 번째, 그동안 주님과 천 년 동안 천년왕국을 다스렸으며 그들의 신분은 왕이며 제사장들이었다가 천년이 지난 후에 갑자기 심판대에 서게 됩니다. 심판대에 선다는 것은 그리 좋은 경험이 아니며, 그것도 상을 준다고 하지만, 그 심판대에서 우리의 잘못한 점과 잘한 점을 하나하나 들추어서 계산하고 비교해가며 상급의 경중을 결정하게 되는데 얼굴을 붉히지 않을 수 있겠습니까? 어떤 사람들은 상급을 많이 받아 그 영광이 크고, 어떤 사람들은 작게 받아 부끄러움을 입을 것입니다. 또한 그 상급을 타기 위해 자신들이 한 일을 자신의 입으로 바른대로 말해야 합니다. 사람들이 보기에는 필경은 바른 길이었으나 각자 자신의 양심을 속이지 못할 것입니다. 특히 악인들은 굉장히 궁금하고 의아하게 생각할 것입니다.

"아니 저 의인들이라는 사람들도 똑같이 우리와 먹고 마시고 시기하고 질투하고 비방하고 탐심을 품었는데 우리와 다른 것이 뭐가 있는가? 단지 하나님을 믿어서 그 죄가 용서함을 받았다는 이유인가? 그런데 그 용서함을 받았다는 저 사람들이 그 후에 행했던 육신의 생각과 죄와 우리가 행했던 죄된 일들이 무슨 차이가 있는가?"

결국에는 죄인들은 이 재판이 불공정하며 하나님의 심판에 문제점이 있음을 고소하게 될 것입니다. 세상의 법은 권력 있고 재물 있는 자에게는 관대하고 불공평한 기준의 잣대가 있지만 설마 하나님의 재판정에서도 그러한 모습이 있을 수 있다는 것이 상상이 갑니까?

"너희 악인들의 죄는 예수에 대한 믿음이 없어서 사함이 없고, 저 사람들은 예수를 믿어 백성이 되었기 때문에 무슨 죄를 지었어도 용서함이 있다."고 하늘 법정에서 울려 퍼진다면 그것은 인류 역사상 최악의 불공평한 법정이 될 것입니다. 악인들은 그 사람들이 진실로 하나님의 백성이라면 그 나라에 들어가기 합당한 백성처럼 거룩하고 흠 없이 온전하게 살아야 할 사람들인데 오히려 우리와 같은 죄를 지었다면, 하나님을 법을 알면서도 그 법을 어겼기에 우리보다 죄가 더 크다고 불평하며 하나님께 큰 소리로 항의할 것입니다. 이 세상 법정보다 더 정직하고 엄숙해야 하는 하나님의 법정이 7년 환란 휴거론의 주장대로라면 소란과 불신과 불만으로 공의롭지 못할 재판이 될 것입니다. 구원과 죄 사함에 대한 잘못된 복음으로 인해 결국 하나님의 주시는 상급과 하나님의 백보좌 심판을 잘못 이해한 것입니다. 하나님의 백보좌 심판은 의인과 죄인들을 모아놓고 함께 재판하는 그런 자리가 아닙니다. 이 심판은 예수님께서 요한복음 5장 28절에 말씀하신 심판의 부활입니다.

"이를 기이히 여기지 말라 무덤 속에 있는 자가 다 그의 음성을 들을 때가 오나니 선한 일을 행한 자는 생명의 부활로, **악한 일을 행한 자는 심판의 부활**로 나오리라"(요 5:28,29).

그렇다면 왜 악인들이 부활하는데 "천 년의 기간"이 필요한 것입니까? 하나님께서는 모든 심판과 공의를 하나님 뜻대로 독선적이고 독단적으로 행하시는 분이 아닙니다. 하나님은 당신이 하시는 모든 일이 온 세상과 천사들과 모든 우주와 의인들에게 우러나오는 자발적인 마음에서 하나님의 "공의"를 인정받기 원하십니다. 하나님께서는 친히 행하시는 구속과 심판을 모든 피조물로부터 공의롭다는 인정을 받으신 후에 그 일들을 진행하십니다.

"또 내가 들으니 제단이 말하기를 그러하다 주 하나님 곧 전능하신 이시여 심판하시는 것이 **참되시고 의로우시도다** 하더라"(계 16:7).
"**그의 심판은 참되고 의로운지라** 음행으로 땅을 더럽게 한 큰 음녀를 심판하사 자기 종들의 피를 그의 손에 갚으셨도다 하고"(계 19:2).

스가랴 6장에는 이러한 하나님의 공의로운 성품을 평화의 회의가 있었다고 하며 욥기 2장에는 사탄도 하나님의 앞에 서게 하는 것으로 묘사되어 있는데 무슨 의미입니까?

"그가 여호와의 전을 건축하고 영광도 얻고 그 위에 앉아서 다스릴 것이요 또 제사장이 자기 위에 있으리니 이 두 사이에 **평화의 의논**이 있으리라 하셨다 하고"(슥 6:13).
"또 하루는 하나님의 아들들이 와서 여호와 앞에 서고 **사탄도 그들 가운데 와서 여호와 앞에 서니**"(욥 2:1).

하나님은 절대로 독선적이고 독단적인 분이 아닙니다. 나 외에 다른 신이 없음을 친히 증거하고 그냥 말씀으로만 믿으라 하며 강요하시는 분이 아니고, 직접 우리의 이성과 감성을 통해 알려주고 깨우쳐 주는 분입니다. 그래서 하나님께서는 악인들을 심판하는 시간으로서 천 년을 할당하셨습니다. 그 기간은 우리 그리스도인을 위해 하나님께서 마련해 놓으신 시간입니다. 하나님께서는 인간을 위한 그분의 사역에 대하여 어느 한 사람의 마음에도 의혹이 남지 않도록 기회를 주시는 것인데, 이 천년 기간을 통하여 악인들이 형벌을 받게 될 때에 모든 사람은 그 형벌은 마땅한 것이며 하나님은 공의로우시다는 사실을 인정하게 될 것입니다.

세 번째, 그 심판대에 주님과 같이 앉아 있는 한 무리의 성도들이 있습니다. 이 무리에게 주님께서 세상과 천사를 심판하는 권세를 주신다고 언약을 하셨으며, 세상을 이기는 자에게는 예수님과 같은 보좌에 앉을 영광과 권세를 허락하셨습니다. 그리스도인들은 하나님의 심판대 앞에서 충성스러운 그리스도인들이 다른 충성스러운 그리스도인들의 인생을 어떻게 살았는지를 서로 묻고 심판할 수 없으며 그 이유는 모두 다 왕과 제사장의 신분으로서 같은 그리스도인들이기에 그러합니다. 더욱 당황스러운 것은 심판하는 그 무리 중 일부가 7년 환란 중 후 3년 반에 우상숭배를 거절하며 목 베임을 받아 죽은 사람들이라는 것입니다.

"또 내가 보좌들을 보니 거기 앉은 자들이 있어 심판하는 권세를 받았더라 **또 내가 보니 예수의 증거와 하나님의 말씀을 인하여 목 베임을 받은 자의 영혼들과 또 짐승과 그의 우상에게 경배하지도 아니하고** 이마와 손에 그의 표를 받지도 아니한 자들이 살아서 그리스도로 더불어 천 년 동안 왕 노릇 하니"(계 20:4).

다시 말해 환란 전 휴거를 믿는 성도가 신앙생활 잘하다가 7년 환란 전에 올라갔음에도 불구하고, 그동안 회개하고 믿을만한 증거를 주고 전파되었음에도 지금까지 하나님을 받아들이지 않고 있다가 그것도 겨우 3년 반이라는 짧은 시간에 신앙이 생긴 사람들이 환란 전 휴거를 믿는 교회의 성도들을 심판하는 자리에 있다는 것입니다. 그런데 이들은 144,000인 이외에 "몇이든 다 죽이더라"라는 말씀에 근거한다면 환란 기간에 죽은 자들의 영광이 환란 전 휴거를 믿는 성도보다 더 클 것입니다. 그렇게 본다면 환란 전 휴거를 믿는 성도의 마음에 문제가 생길 것입니다. 그렇지 않습니까? 구약의 앞서간 믿음의 선지자들이나 사도들은 그 심판대의 보좌에 앉아 있다면 문제가 될 것이 없지만, 7년 환란 교리에 의하면 144,000인과 목베임을 받은 사람들의 부활은 기록되어 있지 않은데다가, 가령 어느 때인가 부활을 했다 해도 천년 왕국 기간에는 서로 같은 신분으로 있다가 천 년이 끝나면 심판자의 자리에 있는 자와 재판받는 곳에 있는 자로 구별되는 이상한 일이 열리게 됩니다. 성경은 믿는 자나 믿지 않는 자에게 똑같이 보편적이고 타당해야 합니다.

❷ 천년왕국(천년기)의 목적

첫째 부활에 참여한 의인들은 거룩한 왕과 제사장으로서 하늘에서 할 일이 있습니다. 그들은 심판자의 권세를 가지고, 지금까지 사탄이 세상을 기만했던 일과 오류와 죄의 결과를 확인하고, 거짓 사역자들과 선지자들이 사람들의 영혼을 어떻게 기만하고 속여 왔는지, 세상의 죄인들이 어떠한 죄를 지었는지, 궁금했던 세상 모든 일을 살펴볼 것입니다. 이것을 오늘날 세상의 법정용어로 "심리"한다는 말을 사용할 수 있습니다. **심리(審理)**란 재판의 기초가 되는 사실관계 및 법률관계를 명확히 하기 위하여 법원이 증거나 방법 등 심사하는 행위를 말합니다.

* * *

그렇게 한번 구원은 영원한 영생이라고 늘 외친 목회자들이 왜 이 자리에 없을까? 집회나 설교 때 주님의 사랑을 설교하며 눈물을 보여주신 그분은 어디에 있는 것일까? 우리가 가르치는 성경의 증험은 틀려도 구원만은 확실하다는 그분은 왜 못 오셨을까? 방언과 귀신 쫓는 능력이 크신 집사님과 교회를 몇 개나 세우셨다는 장로님이 보이지 않네? 그리스도인이라고 하면서 그들의 숨은 죄는 무엇이며, 그들이 진정으로 회개한 자였는가? 화성 연쇄살인 사건의 범인은 누구이며 그 많은 실종 사건은 왜 일어났는가? 세상의 전쟁은 왜 일어났는가? 사람들은 어떻게 부자가 되었는가? 세상 사람들이 앞에서는 선함으로 위장하고 뒤에서 행한 악한 죄는 무엇인가?

* * *

첫째 부활에 참여한 성도들은 첫째 부활에 참여하지 못한 죄인들의 삶과 생애를 낱낱이 확인하고 살펴볼 것입니다. 하나님의 이름과 교회의 이름으로 목사나 사역자들이나 그리스도인들의 은밀히 저지른 죄악들을 보고 그들의 거짓과 더러움과 부패함을 알게 될 것입니다. 사람들 보기에 겉은 거룩하고 하나님의 일에 마음을 다한 것 같았으나, 회칠한 무덤이 무엇인지를 알게 될 것입니다. 또한, 우리가 생각지 못한 사람들이 천국에 온 것을 보면서, 그들이 우리들이 알지 못할 때 하나님을 어떻게 섬겼으며, 하나님을 위해 헌신한 모든 것들을 알게 되어 그들의 헌신과 노고에 감사와 하나님께 찬송을 드릴 것입니다. 의인들은 악인과 세상과 악한 천사들의 죄에 대한 심리의 일에 종사하는 천년기 동안, 그들은 각 사람을 구원하기 위하여 역사하신 하나님의 사랑과 자비의 노력도 알게 될 것입니다. 그래서 의인들은 이런 세상의 모든 죄를 알아야 하고, 그 죄에서 각 사람을 돌이키기 위해 애쓰신 하나님의 사랑과 인내를 또한 알아야 합니다. 그래서 결국 하나님의 심판의 이유가 정당하고 의롭고 필요함을 알게 될 것입니다. 이런 일련의 과정을 거친 후 주님께서 천 년이 지나고 하늘의 예루살렘 성과 함께 지상에 강림하실 때, 드디어 악인들은 그 긴 무덤의 잠에서 심판의 부활로 일어나게 될 것입니다. 심판의 형벌 아래 놓았던 죄인들을 일으킬 것입니다.

"주께서 경건한 자는 시험에서 건지시고 **불의한 자는 형벌 아래 두어 심판 날까지 지키시며**"(벧후 2:9).
"하나님을 모르는 자들과 우리 **주 예수의 복음을 복종치 않는 자들에게 형벌**을 주시리니 이런 자들이 주의 얼굴과 그의 힘의 영광을 떠나 영원한 멸망의 형벌을 받으리로다"(살후 1:8).

다. 백 보좌 심판대의 피고인: "둘째 부활에서 일어난 죽은 사람들"

❶ "죽은 사람들"

백보좌 심판대에 서는 사람들이 누구인지 성경을 자세히 읽고 잘 살펴보기 바랍니다. 이것을 잘 이해하면 백보좌 심판의 정확한 진리를 알 수 있습니다.

"또 내가 크고 흰 보좌와 그 위에 앉으신 자를 보니 땅과 하늘이 그 앞에서 피하여 간데 없더라 또 내가 보니 **죽은 자들이 무론 대소하고 그 보좌 앞에 섰는데** 책들이 펴 있고 또 다른 책이 펴졌으니 곧 생명책이라 죽은 자들이 자기 행위를 따라 책들에 기록된 대로 심판을 받으니"(계 20:11,12).
"죽은 자들이 무론 대소하고 그 보좌 앞에 섰는데" 이 말씀을 잘 이해하십시오! 그들은 모두 "죽은 사람들"이라는 말씀에 힌트가 있습니다. 그들은 누구입니까? 노아의 홍수 때처럼, 주님 오실 심판의 날이 다가오는 소식을 전해 들었음에도 불구하고 먹고 마시고 시집가고 장가가는 세상일에 온 마음을 두었던 자들입니다. 회개하라고 외쳤지만, 그들은 회개할 것이 없다고 하는 자들이었습니다. 한 번 의로움을 받았기 때문에 "육신의 생각은 하나님과 원수"가 된다고 교훈하였음에도 불구하고, 이미 죄가 우리에게서 떠났다고 말하는 사람들입니다. 다시 말해 이들은 비록 부활했지만, 이들에게는 "둘째 사망"이 있는 자들입니다. 더욱 확실한 것은 이들은 "영생"의 선물을 받지 못했고, 또한 그 몸도 주님과 같이 영광스런 형체로 몸의 변화도 얻지 못하였기 때문에, 부활은 했지만 죽은 자들입니다. 주님처럼 영광스런 몸으로 변화되지 못하였기에 이들은 "영생"도 없는 육신은 살았으나 죽은 자들입니다.

"(그 나머지 **죽은 자들은** 그 천년이 차기까지 살지 못하더라) 이는 첫째 부활이라" (계 20:5).

천 년이 차면은 그때 가서 악인들이 부활하는데 이들에게 결국 영원한 사망인 둘째 사망이 기다리고 있는 것입니다. "**심판**"은 죄를 지은 죄인이 스스로 지은 "**죄**"를 인정해야 그 심판이 정당한 것이 되며 형벌 또한 정당하게 됩니다. 죄인들은 그들의 죄를 스스로 인정할 것입니다. 그들은 자신들의 죄악과 악했던 생애를 백보좌 심판대에서 하나님과 의인들의 앞에서 자신들의 입으로 바른대로 말할 것입니다. 그러나 그들은 저희를 위하여 변호해 줄 자가 없고, 변명할 수도 없이 형벌이 선고됩니다. 이것이 성경에 기록된 마지막 "**둘째 사망**"의 심판인 불못입니다.

악인들은 저희의 죄 된 생애로 인하여 무엇을 잃어버렸는지 깨달을 것이며, 훨씬 더 값있고 영원한 가치를 지닌 영생과 의인으로서 바른 삶의 길이 주어졌을 때에 이것을 고의로 거부하였습니다. 많은 목회자가 이 첫째 부활과 둘째 부활을 이해하지 못해서 하나님의 심판을 오해하였으며, 의인의 심판과 악인의 심판을 이해하지 못함으로 예수님의 재림 때 있을 일을 잘못 전하고 있으며, 또한 천 년 동안의 기간이 성경적으로 필요한 이유를 알지 못하고 설교를 합니다. 천년기가 끝날 때 예수님께서는 천사들과 모든 성도와 함께 거룩한 도성을 떠나 이 땅에 내려오시는데, 그 때에 죽은 악인들이 부활하여 천사들과 성도들에게 둘러싸여 영광중에 오시는 그분을 멀리서 바라보고 통곡할 것입니다. 그들은 예수님의 손과 발의 못자국을 볼 것이며 그분의 옆구리에서 창으로 찔렸던 흔적을 보게 될 것이지만, 그때에 못자국과 창자국이 그들에게는 은혜의 자국이 아니며 심판의 자국이 될 것입니다. 다시 한번 말씀드리지만, 이 백보좌 심판대는 의인들이 서는 심판대의 자리가 아닙니다. 의인들은 이미 예수님 재림 때 죽음을 이긴 자들이며 그 몸에 "영생"을 가진 산 자들입니다. 그들은 "죽은 사람"이 될 수도 없을 뿐만 아니라, 앞으로 "죽을 사람"도 될 수가 없습니다. 그래서 이 백보좌 심판대는 영생을 얻은 의인들이 설 자리가 아니며, 온 세상의 악인들이 자신들의 형벌을 치르기 위해 열리는 둘째 부활에서 일어난 죽은 자들을 심판하기 위한 하나님의 법정입니다. 주님과 같이 영광의 몸을 가진 의인들은 이 백보좌 심판에 죽은 자들과 같은 신분이 아니라 주님의 신부이며 성전이며 예루살렘 성입니다. 그들은 주님과 같이 영광중에 이 땅에 내려오게 된다고 성경은 기록하고 있습니다.

또 한 가지는 앞으로 7년 환란을 주장하는 사람들은 세상에 내리는 재앙과 하나님의 진노와 마태복음 24장의 징조의 소용돌이 가운데 놓여 있음을 깨달은 후에 7년 환란 전 휴거는 자신들이 잘못 안 것이며 대신 이 세상에 복천년 시대가 열려서 평안하고 안전한 시대가 오리라 주장할 것입니다. 왜입니까? 첫째는 많은 영혼을 멸망으로 인도했기 때문에 죽음의 두려움을 회피하기 위함이고 더 중요한 것은 그들의 말을 뒷받침해줄 "광명의 천사"가 나타나 놀라운 기적으로 그 주장에 힘을 실어 줄 것입니다. 끝까지 말씀을 대적하고 영혼을 노략질하는 사람들에게 회개의 양심은 이미 화인 맞은 지 오래되었습니다. 많은 사람이 그 광경을 목도할 것이며 안타깝게도 또다시 많은 교회가 여전히 미혹당할 것입니다. 그것이 성경의 교훈이며 세상 끝에 이루어질 역사입니다.

교회는 거듭난 거룩한 그리스도인들의 무리입니다. 교회란 단어 자체가 예수 그리스도를 주(主)로 고백하고 따르는 신자들의 공동체입니다. 또한, 주님 안에서 서로 지어져 가는 거룩한 하나님의 성전입니다.

◆ 교회라는 말은 그리스어로는 에클레시아(Ekklēsia)인데, 이것은 원래 시민의 집회·의회를 의미했습니다. 현대어로는 영어의 처치(Church), 프랑스어의 에글리즈(église), 독일어의 키르헤(Kirche) 등이 교회를 가리키는 말인데, 이 말들은 그리스어의 키리아케(Kyriake: 주님에게 속한다는 뜻의 말)에서 나왔다. ◆

"**너희가 하나님의 성전인 것**과 하나님의 성령이 너희 안에 거하시는 것을 알지 못하느뇨"(고전 3:16).

"하나님의 성전과 우상이 어찌 일치가 되리요 **우리는 살아 계신 하나님의 성전이라** 이와 같이 하나님께서 가라사대 내가 저희 가운데 거하며 두루 행하여 나는 저희 하나님이 되고 저희는 나의 백성이 되리라 하셨느니라"(고후 6:16).

"너희는 사도들과 선지자들의 터 위에 세우심을 입은 자라 그리스도 예수께서 친히 모퉁이 돌이 되셨느니라 그의 안에서 건물마다 서로 연결하여 **주 안에서 성전이 되어가고** 너희도 성령 안에서 하나님의 거하실 처소가 되기 위하여 예수 안에서 함께 지어져 가느니라"(엡 2:20-22).

그리스도인들로 지어진 영적 성전이 계시록 19장에서 어린 양 혼인 잔치의 신부입니다.
"우리가 즐거워하고 크게 기뻐하여 그에게 영광을 돌리세 어린 양의 혼인 기약이 이르렀고 **그 아내가 예비하였으니** 그에게 허락하사 빛나고 깨끗한 세마포를 입게 하셨은즉 이 세마포는 성도들의 옳은 행실이로다 하더라"(계 19:7,8).

신부가 어떻게 성전이 됩니까? 그 해답은 계시록 21장에서 찾을 수 있습니다. 계 21장 2절 말씀을 절마다 확인하면 참 흥미롭습니다.
"또 내가 보매 **거룩한 성 새 예루살렘**이 하나님께로부터 하늘에서 내려오니 그 예비한 것이 **신부가 남편을 위하여 단장한 것** 같더라"(계 21:2).

"**거룩한 성 = 새 예루살렘 = 신부**"라고 일곱 천사 중의 한 천사가 계시록 19장의 어린 양의 신부의 모습을 밝히 알려 주면서 거룩한 성 예루살렘을 보여 줍니다.

"일곱 대접을 가지고 마지막 일곱 재앙을 담은 일곱 천사 중 하나가 나아와서 내게 말하여 가로되 이리 오라 내가 신부 곧 **어린 양의 아내를 네게 보이리라** 하고 성령으로 나를 데리고 크고 높은 산으로 올라가 하나님께로부터 하늘에서 내려오는 **거룩한 성 예루살렘을 보이니**"(계 21:9,10).

"교회"를 "영적 예루살렘"이라고 표현한다면 합당하지 않다고 하실 분이 혹시 있으십니까? 말씀을 다시 정리하면 **교회 = 영적 거듭난 그리**

스도인들의 무리 = 하나님의 성전 = 주님의 영적 신부 = 거룩한 성 영적 예루살렘으로 같은 의미입니다. 위와 같은 말씀들이 여러분의 믿음에 무슨 문제를 주었습니까? 지금까지 생명을 주 앞에 드린 믿음의 선진들과 종교 개혁자들과 겸손한 19C 이전의 신학자들이 도대체 무슨 문제가 있었습니까? 그분들은 전혀 아무 문제도 없었습니다. 오히려 그분들이 환란 전 휴거를 주장하는 목회자들을 의아하게 여길 것입니다. 거듭났다는 그들은 도대체 어느 나라 백성인가? 하고 말입니다. 여러분은 영적으로 어느 나라 백성입니까?

♣ 정 의

그리스도인 무리 = 교회 = 신부 = 하나님의 성전 = 거룩한 성 예루살렘 = 믿음으로 선택된 이스라엘 백성

영광의 몸으로 변한 의인들은 주님의 보좌에 같이 앉아 있게 됩니다. 사망의 권세가 의인들을 주장하지 못합니다. 여러분은 악인의 부활에 참여하겠습니까? 의인의 부활에 참여하겠습니까? **그리스도인이십니까? 하나님을 믿습니까?** 그렇다면 지금 하나님께서는 여러분이 진정으로 예수님의 보혈을 믿고 진정으로 회개한 자인지 하늘 성소에 대제사장으로서 심판하고 계십니다. **이제 의인들이 심판을 언제 받고 어떻게 진행이 되고 있는지 성경적으로 이해가 됩니까?** 지금 우리의 삶이 얼마나 중요하고, 진실한 신앙의 삶을 살아야 하는지 아십니까? 그래서 예수님과 사도들은 거룩하고 온전하고 흠 없으신 어린 양인 그리스도를 본받으며, 예수님의 마음을 품고, 신의 성품에 참여하고, 성령의 열매를 맺으라고 성경 전체에 계속해서 교훈하는 것입니다. 한번 의로움을 받

았다고 그 경험이 끝이 아닙니다.

  성경에 그와 비슷한 몇 구절이 있다고 해서, 그렇지 않은 수만 가지의 말씀과 교훈을 무시하고, 무엇보다도 자신의 양심을 속일 것입니까? 성경은 구원을 이루고 그 마지막 선한 싸움에서 이기고 면류관을 받고 영생을 취하라고 교훈합니다. 지금 배우고 있는 말씀이, 성경의 창세기와 요한계시록 성경 66권에서 동일하게 주시는 교훈이 아니면, 그것은 진리가 될 수 없습니다. "첫째 부활"에 참여하여야 합니다. 그리스도인은 레위기의 성소 문제와 대속죄일의 심판에 관한 문제를 분명히 이해해야 합니다. 우리는 히브리서에 기록된 예수님의 대제사장의 위치와 하시는 사역에 대하여 상고하고 묵상하여야 합니다. 그렇지 못하면 구원과 영생에 대한 성경의 가르침에 한계가 있게 되며, 하나님께서 그분의 백성들에게 바라시는 순종과 믿음의 행위를 배우지 못하게 됩니다. 하늘 성소에서 사람을 위하여 진행되는 그리스도의 중보 사역은 구원의 계획에 있어서 십자가 상에서의 죽음과 마찬가지로 매우 중요한 사역입니다. 그분께서 부활하신 후, 승천하여 하늘에서 완성하실 일은 그분의 돌아가심으로 시작되었습니다.

  "그러므로 하늘에 있는 것들의 모형은 이런 것들로써 정결케 할 필요가 있었으나 **하늘에 있는 그것들은 이런 것들보다 더 좋은 제물로 할찌니라**"(히 9:23).

  이 땅에서 죄를 대속하시는 유월절 어린양의 사역이 있었다면, 하늘에서는 우리 죄를 심판하시는 대제사장의 사역도 있음을 깊이 생각하기 바랍니다.

라. 심판대 앞에 서 있는 그리스도인!

오늘날 그리스도인들은 구약의 이스라엘 백성들이 1년 1차씩 치러야 했던 대속죄일의 영적인 교훈에 살고 있습니다. 이것은 영원한 규례입니다. 하나님 말씀이 폐해졌습니까? 율법의 일점일획이 사라졌습니까? 외형은 사라졌지만 하나님의 교훈과 영적 의미는 절대 사라지지 않습니다. "이는 **너희의 영원히 지킬 규례라** 이스라엘 자손의 모든 죄를 위하여 일년 일차 속죄할 것이니라 아론이 여호와께서 모세에게 명하신대로 행하니라"(레 16:34).

그리스도인들이 영적 이스라엘을 인식하지 못하면 하나님의 말씀을 이해하지 못합니다. 이것은 매우 중요한 일입니다. 우리 영혼과 관련된 문제입니다. 사람이 지은 지상 성전은 없어졌으나, 하늘의 성전은 절대 사라지지 않았습니다. 많은 사람이 예수님을 통한 염소와 송아지의 피로 아니한 속죄함의 제사의 영적 의미는 믿으면서, 왜 성전에서 이루어지는 다른 제사 의식의 영적 의미는 상고하지 않을까요? 구약의 지상 성소에서 이루어지던 표상적 의식에서, 대제사장이 이스라엘 백성을 위하여 속죄의 봉사를 하는 동안, 모든 사람은 다 하나님 앞에 죄를 회개하고 겸손한 태도로써 그들의 심령을 괴롭게 해야 했습니다. 그와 같이 은혜의 시기가 얼마 남지 아니한 오늘날 자기 이름이 생명책에서 도말되기를 원치 아니하는 모든 사람들은 죄를 슬퍼하고 진정으로 회개함으로 하나님 앞에서 그들의 심령을 괴롭게 해야 합니다. 그들은 심각하고 철저하게 자신의 마음을 살펴야 합니다. 그리스도인이라고 공언하는 많은 사람이 가지고 있는 거짓되고 의롭지 못한 마음과 생각은 반드시 버려져야 합니다. 이런 자기 자신의 육신의 생각과 사탄으로부터 일어나는 악한 성품들을 이기고자 하는 모든 사람 앞에는 반드시 격렬한 영적 싸움이 있습니다. 이것을 준비하고 싸우는 모든 일은 개인적인 일입니다.
그리스도인들은 결코, 단체적으로, 교회적으로, 교단적으로, 구원을 얻지 않습니다. 교회를 통한, 교단을 통한 헌신과 봉사가 각 개인의 부족한 영적 결함을 보충해 줄 수 없습니다. 비록 온 인류가 하나님 앞에서 심판을 받을지라도, 하나님께서는 각 개인의 생애를 조사하시기를, 마치 세상에 그 한 사람밖에는 다른 사람이 없는 것처럼 세밀히 하실 것입니다. 모든 사람이 각각 개인적으로 조사를 받되 티나 주름 잡힌 것이나 이런 것들이 없어야 합니다. 의인들의 심판은 오늘날 하늘에 있는 성소에서 진행되고 있음을 히브리서에 기록돼 있는 대제사장이신 예수님을 통해 우리는 알 수가 있습니다. 이 사역은 오랫동안 계속되어 왔으며, 엄숙하신 하나님 앞에 각 개인의 온 생애가 드러나고 있습니다. 오늘을 사는 그리스도인들은 이 시점에서 각 사람이 예수님의 교훈과 권고에 유의하고 착념하는 것이 그 무엇보다 중요합니다.

"**오직 오늘이라 일컫는 동안에** 매일 피차 권면하여 너희 중에 누구든지 죄의 유혹으로 강팍케 됨을 면하라"(히 3:13).
"**만일 일깨지 아니하면** 내가 도적같이 이르리니 어느 시에 네게 임할는지 네가 알지 못하리라"(계 3:3).

하늘에서 의인에 대한 조사심판의 역사가 마치게 되면 모든 사람의 운명은 생사 간에 결정될 것이며, 은혜의 시기는 그리스도께서 하늘 구름을 타고 재림하시기 전에 끝마칠 것입니다. 그리스도께서는 그때의 일을 미리 내다보시고 요한계시록에서 다음과 같이 말씀하셨습니다.

"**불의를 하는 자는 그대로 불의를 하고 더러운 자는 그대로 더럽고 의

로운 자는 그대로 의를 행하고 거룩한 자는 그대로 거룩되게 하라 보라 내가 속히 오리니 내가 줄 상이 내게 있어 각 사람에게 그의 일한 대로 갚아 주리라"(계 22:11,12).

세상 사람들은 그들의 생활 그대로 여전히 세상에 묻혀 살면서, 하늘에서 이루어진 의인과 악인의 심판 구별이 철회할 수 없는 마지막 결정이 내린 것도 모르고 밭 갈고 집 짓고 먹고 마시고 할 것입니다. 그러나 그 멸망의 심판은 갑자기 경각간에 이루어질 것입니다.

"그 날을 형통하게 지내다가 **경각간에** 음부에 내려가느니라"(욥 21:13).

"그럴지라도 네 대적의 무리는 세미한 티끌 같겠고 강포한 자의 무리는 불려 가는 겨 같으리니 그 일이 **경각간에** 갑자기 이룰 것이라"(사 29:5).

홍수전에 노아가 방주에 들어간 후 하나님께서는 그를 배 안에 두고 경건치 못한 자들은 배 밖에 둔 채 문을 닫으셨고, 7일 동안 사람들은 그들의 운명이 결정된 것을 모르고 경솔하고 쾌락을 사랑하는 생활을 계속하였습니다. 그들은 또한 에녹과 노아를 통한 임박한 심판에 관한 경고를 조롱하고 비판하였습니다. 구주께서는 "인자의 임함도 이와 같으리라"(마 24:39)고 말씀하셨으며, 각 사람의 운명이 결정되고 범죄한 인류에 대한 은혜의 시기가 철회되는 마지막 시간은 밤중에 도둑이 오는 것처럼 가만히 눈에 띄지 않게 진행될 것입니다.

"그러므로 깨어 있으라 집 주인이 언제 올는지 혹 저물 때엘는지, 밤 중엘는지, 닭 울 때엘는지, 새벽엘는지 너희가 알지 못함이라 그가 홀연히 와서 너희의 자는 것을 보지 않도록 하라 **깨어 있으라 내가 너희에게 하는 이 말이 모든 사람에게 하는 말**이니라 하시니라"(막 13:35-37).

깨어 있고 근신하기를 소홀히 하고, 세상의 정욕과 이생의 자랑을 향하여 마음을 돌리는 자들은 참으로 위험합니다. 그리스도인들이 거짓과 성냄과 시기와 질투와 재물에 마음을 빼앗기고 죄의 종으로 살고, 세상 사람들처럼 이득에 마음을 빼앗기고, 향락을 즐기는 자가 방종을 구하고, 유행을 따르는 자가 몸을 단장하기에 겨를이 없을 바로 그때, 온 세상의 심판장 되신 예수님께서 "저울에 달려서 부족함이 뵈었다"(단 5:27) 라고 선고하실 것입니다. 죄를 회개하고 그리스도를 믿음으로 말미암아 그리스도의 속죄의 은혜를 받을 만한 사람이 누구인지를 결정하기 위하여 하늘에서는 그들의 삶을 조사할 필요가 있습니다. 하늘에서의 의인과 악인의 구별을 위한 심판은 그리스도께서 당신의 백성을 구원하러 오시기 전에 해야 할 사역이시며, 그리스도께서 재림하실 때에는 각 사람이 행한 대로 갚으실 상벌을 가지고 오시게 될 것입니다.

"보라 내가 속히 오리니 내가 줄 상이 내게 있어 각 사람에게 그의 일한 대로 갚아 주리라"(계 22:12)

상급은 주님 오실 때 받는 영광스런 영생이며, 그것이 "첫째 부활"에 참여하는 자들의 상입니다. 그러므로 지금 여러분의 삶 하나하나가 하나님 앞에 계산되고 저울에 측량되고 있음을 기억하십시오! 세상의 악인들이 잘살고 잘 먹고 삶의 형통함이 있습니까? 부러워하지 마십시오. 주께서 성소에 들어가실 때, 그들의 결국을 알게 될 것입니다.

"하나님이 참으로 이스라엘 중 마음이 정결한 자에게 선을 행하시나 나는 거의 실족할 뻔하였고 내 걸음이 미끄러질 뻔하였으니 이는 내가 **악인의 형통함**을 보고 오만한 자를 질시하였음이로다 저희는 죽는 때에도 고통이 없고 그 힘이 건강하며 타인과 같은 고난이 없고 타인과 같은 재앙도 없나니 그러므로 교만이 저희 목걸이요 강포가 저희의 입는 옷이며 살찜으로 저희 눈이 솟아나며 저희 소득은 마음의 소원보다 지나며 볼지어다 이들은 악인이라 항상 평안하고 재물은 더 하도다 내가 내 마음을 정히 하며 내 손을 씻어 무죄하다 한 것이 실로 헛되도다 나는 종일 재앙을 당하며 아침마다 징책을 보았도다 내가 만일 스스로 이르기를 내가 이렇게 말하리라 하였더면 주의 아들들의 시대를 대하여 궤휼을 행하였으리이다 내가 어찌면 이를 알까 하여 생각한즉 내게 심히 곤란하더니 **하나님의 성소에 들어갈 때에야 저희 결국을 내가 깨달았나이다** 주께서 참으로 저희를 미끄러운 곳에 두시며 파멸에 던지시니 저희가 어찌 그리 **졸지에 황폐되었는가 놀람으로 전멸하였나이다**"(시 73:1-7,12-19).

천년기 전후에 있을 첫째 부활과 둘째 부활 중 여러분은 어느 부활에 참여할지 묵상하고 성경에서 말하는 믿음을 통해, 근신하고 깨어 있는 삶이 되길 주님의 이름으로 간절히 기도드립니다.

마. 맺은 말

여러분이 그리스도인의 상급과 의인의 심판의 시기에 대해서 이해가 되었다면, 여러분의 삶과 언행과 깊은 심중에서 일어나는 모든 일이 지금 하나님의 심판대 앞에 있음을 명심하십시오! 그 심판대에 여러분은 어떠한 마음가짐으로 서 있습니까? 근신하고 깨어있습니까? 경건의 삶에 착념하십니까? 두렵고 떨림으로 여러분의 구원을 이루시기를 간절히 외칩니다! 기만과 오류의 "환란 전 휴거"에서 자리를 박차고 일어나기를 바랍니다. 때가 되면 "우리 주님 속히 오십니다."

근래에 영화나 드라마에서 많은 소재가 되고 있는 것 중의 하나인 "좀비"가 있습니다. 살아있으나 죽은 사람들... 그런데 놀랍게도 디모데전서 5장 6절에는 이런 말씀이 나옵니다.

"일락을 좋아하는 이는 살았으나 죽었느니라" (딤전 5:6)

사람들이 비록 살아있고 숨 쉬고 있으나 육신의 정욕과 안목의 정욕과 지혜롭게 할 만한 이생의 자랑에 빠져 있다면 그들은 하나님 앞에 이미 죽은 사람들입니다. 저는 왜 이런 영화들이 근래에 많이 만들어질까 하는 궁금증이 있었습니다. 그런데 근래 유명한 미드(미국드라마) 중 좀비관련 드라마가 있었는데 그 드라마 마지막쯤에서 주인공 중 한 명이 이런 말을 하였습니다. 그는 걸어 다니는 좀비들을 향해 "예수께서 이렇게 사람들을 부활시킬 줄은 몰랐다." 저는 그 말을 듣고서 무릎을 탁하고 쳤습니다. "그렇구나! 둘째 부활에서 일어나는 죽은 자들은 영광스런 몸의 변화가 없으므로 아름다운 모습으로는 부활하지 못하겠구나!" 둘째 부활에 일어나는 사람들은 적어도 죄인 된 몸으로 부활하기에 의인들처럼 영광스런 몸이 아니기에 그리 좋은 모습은 아니라는 생각이 듭니다. 좀 혐오스럽겠지만, 사진을 몇 장 올려 봅니다.

II. 휴거와 관련된 궁금증? | 147

4 요한계시록 "십사만 사천(144,000)"의 교훈

들어가는 글

　많은 교회와 그리스도인이 궁금해하는 요한계시록의 144,000에 대해서는 잘못 이해되고, 또한 서로 다른 많은 교리 때문에 큰 오해를 할 수 있는 매우 중요한 주제이기도 합니다. 오늘날 기독교에서 144,000의 주제에 대하여 거론하면 이단이나 극단주의자로 취급받고 있습니다. 오늘날은 144,000의 존재에 대해서 그동안 가려졌던 무대의 막이 서서히 걷히는 시대임이 분명합니다. 144,000인은 오늘날 교회와 그리스도인들에게 올바른 믿음을 갖게 하는 하나님의 나침반이라고 할 수 있습니다. 십사만 사천인의 비밀 속에는 매우 귀중한 진리가 숨어 있습니다. 이 흥미로운 말씀은 오랫동안 하나님을 믿고 성경을 열심히 상고하는 그리스도인들에게 많은 질문과 호기심을 유발하는 말씀이며, 또한 잘못된 가르침으로 인해 그리스도인들이 합당한 교훈을 받지 못하고 있는 말씀입니다. 십사만 사천의 의미는 과연 무엇인가? 그리고 그들에 대한 하나님의 목적과 사명은 무엇인가를 함께 성경을 통해 상고해 보기로 하겠습니다. 이제부터 교회에서 배운 말씀이나 주석서, 교리서, 신학적 사상 등을 내려놓고, 성경을 통해서 말씀을 배울 수 있는 마음가짐을 가졌으면 합니다.

I. 서론

144,000인에 대한 2가지 쟁점

144,000인에 대한 대표적 교리를 살펴보면 다음과 같습니다.

가. 첫 번째 쟁점-144,000인은 유대인 또는 우리 교회, 교단이다.

(1) 144,000인은 오직 "7년 환란" 중 이스라엘 유대인이다.
(2) 144,000인은 우리 교단이나 우리 교회에 속한 사람들이다.

(2)번의 교리에 관해서는 여기서 언급하지 않겠습니다. 어차피 이 글을 읽어 가면서 (2)번 주장의 옳고 그름에 관하여는 자연스럽게 결론이 나올 것입니다. (1)번 교리를 진리로 믿고 가르치는 교회가 많습니다. 그러나 오늘날의 이스라엘은 오늘날을 사는 거듭난 그리스도인들입니다! 이 글은 영적 이스라엘이 오늘날 그리스도인들이란 것을 더욱 확실하게 증거할 것입니다.

144,000인이 유대인일 경우 생기는 추가문제

이 교리는 앞서 말씀드린 대로 7년 환란 후에 남은 유대인들은 비참한 운명과 이상한 천국과 지옥예정론의 운명을 살 수밖에 없게 됩니다. 그러나 이것들 외에 요한계시록을 살펴보면 그리스도인들이 이해할 수 없는 일들이 주님 재림 후에 생기게 됩니다.

첫 번째, 144,000인만 주님과 함께 시온 산에 설 수 있으며, 그들만이 부르는 다른 노래가 있습니다. 즉 그동안 믿음과 신앙을 지킨 그리스도인들이 부르지 못하는 노래가 있는데 그동안 하나님을 안 믿고 있다가 환란 기간인 3년 반 동안에 순교했다는 이유 하나로, 그들만이 주님과 시온 산에 설 수 있으며, 하나님 앞에서 그들만 노래를 부를 수 있다는 것은 그동안 순교했던 6000만 명 이상의 순교자들과 휴거되어 올라간 성도는 어떠한 의미로 받아들여야 합니까? 그리스도인이 이 세상을 사는 이유 중 하나는 주님 오실 때 상을 받기 위해 사는 것도 한 이유입니다. 그러나 성경은 그리스도인에 대한 상급보다는 유대인 144,000인이 받을 영광과 축복에 대하여 더 많이 기록되어 있습니다.

"또 내가 보니 보라 어린 양이 시온 산에 섰고 그와 함께 **십 사만 사천이 섰는데 그 이마에 어린 양의 이름과 그 아버지의 이름을 쓴 것이 있도다** 내가 하늘에서 나는 소리를 들으니 많은 물소리도 같고 큰 뇌성도 같은데 내게 들리는 소리는 거문고 타는 자들의 그 거문고 타는 것 같더라 저희가 보좌와 네 생물과 장로들 앞에서 새 노래를 부르니 땅에서 구속함을 얻은 **십 사만 사천인 밖에는 능히 이 노래를 배울 자가 없더라**"(계 14:1-3).

두 번째, 유감스럽게도 144,000인만이 그 이마에 어린양의 이름과 그 아버지의 이름이 쓰여 있습니다. 이름은 그 사람의 신분과 명예와 영광을 나타냅니다.

"너희가 **내 이름으로** 무엇을 구하든지 내가 시행하리니 이는 아버지로 하여금 아들을 인하여 영광을 얻으시게 하려 함이라"(요 14:13).

"세상 중에서 내게 **주신 사람들에게 내가 아버지의 이름을 나타내었나이다** 저희는 아버지의 것이었는데 내게 주셨으며 저희는 아버지의 말씀을 지키었나이다"(요 17:6).

"내가 저희와 함께 있을 때에 **내게 주신 아버지의 이름으로 저희를 보전하와 지키었나이다** 그 중에 하나도 멸망치 않고 오직 멸망의 자식뿐이오니 이는 성경을 응하게 함이니이다"(요 17:12).

"이러하므로 **내가 하늘과 땅에 있는 각 족속에게 이름을 주신 아버지 앞**에 무릎을 꿇고 비노니 그 영광의 풍성을 따라 그의 성령으로 말미암아 너희 속사람을 능력으로 강건하게 하옵시며"(엡 3:14-16).

"**이기는 자**는 내 하나님 성전에 기둥이 되게 하리니 그가 결코 다시 나가지 아니하리라 내가 하나님의 이름과 하나님의 성 곧 하늘에서 내 하나님께로부터 내려오는 **새 예루살렘의 이름과 나의 새 이름을 그이 위에 기록하리라**"(계 3:12).

세 번째, 그리스도인이 하나님 성전에 갔을 때 많이 당황스러울 것입니다. 그 이유는 그리스도인이 거룩한 성 예루살렘에 들어갈 때 그 웅장하고 아름다운 진주문 위에 쓰여 있는 현판 때문에 그러합니다. 세상에서도 성문에 쓰는 현판의 이름은 상징적으로 매우 큰 의미가 있습니다. 예를 들어, 우리나라 문화재인 조선 시대 서울 도성(都城)의 사방에 세운 성문인 서울의 4대문인 동대문은 흥인지문(興仁之門), 서대문은 돈의문(敦義門), 남대문은 숭례문(崇禮門), 북대문은 숙정문(肅靖門) 등으로 불리며 각각 그 문 이름에는 뜻이 있습니다. 이와 같이 천국의 성전에도 모두 12문이 있는데 그 문 위에 이름이 다 있습니다.

"일곱 대접을 가지고 마지막 일곱 재앙을 담은 일곱 천사 중 하나가 나아와서 내게 말하여 가로되 이리 오라 내가 신부 곧 어린 양의 아내를 네게 보이리라 하고 크고 높은 성곽이 있고 **열 두 문이 있는데 문에 열 두 천사가**

있고 그 문들 위에 이름을 썼으니 이스라엘 자손 열 두 지파의 이름들이라 동편에 세문, 북편에 세문, 남편에 세문, 서편에 세문이나"(계 21:9,12,13).

여러분은 어린양의 신부입니까? 확실합니까? 그렇군요! 그러나 참 아쉬운 것이 있습니다. 우리 주님께서는 그동안 주님을 사랑했고 심지어 믿음으로 순교한 6,000만 명 이상의 성도들을 잊으신 듯합니다. 그 성의 문은 12문인데, 그 문들 위에는 이스라엘 자손 12지파의 이름만 기록하여 놓았습니다. 그러니 이 세상 삶에 있어서 고생은 좀 하였지만, 큰 환란이나 핍박도 없이 하늘로 올라간 성도는 시온 산에 발도 못 붙이고 그 천국 성문에는 이름조차 기록할 수 없게 된 것입니다. 우리는 그럴지라도 유대인이 아니면서 순교한 6,000만 명의 순교자는 어떠하겠습니까? 지금껏 주님의 이름으로 핍박받고 고통받고 환란을 겪으며, 피 흘리기까지 믿음으로 순교한 분들은 거의 다 이방인들입니다. 이러한 일들이 성경적으로 합당하며, 하나님께서 공평하시며, 예수님의 사랑이 평등하다고 생각하십니까? 우리는 이러한 문제점들을 그냥 아무 의심 없이 넘어가야 할까요? 우리가 성경을 이해하고 상고할 때, 그 믿음은 보편타당성이 있어야 합니다. 특별한 사람만이 깨닫고, 특별한 사람들만이 소유하는 그런 말씀이 아니라, 즉 모든 사람이 구원받기 원하시는 하나님이시기에 모든 사람이 이해하고 "아멘" 할 수 있어야 합니다. 이제 이러한 교리들로 인해 발생하는 모순과 이해되지 않는 말씀들이 성경의 진리와 어떻게 위배가 되며 어느 말씀이 합당한 지 알아보겠습니다.

나. 두 번째 쟁점 - 144,000인의 숫자의 의미는?

144,000인의 숫자의 개념에 대해 가지로 나누면 다음과 같습니다.

(1) 144,000명은 상징의 숫자이다. (더 있다)

(2) 144,000명은 정확한 숫자이다.

그러나 둘 다 성경적으로 어느 해석 부분이 명쾌하지 않습니다. 그러나 한 가지 어느 한 민족, 한 교단의 성도는 아닌 것이 확실하다는 것은 많은 신실한 신학자들과 믿음의 선진들의 공통된 의견이었으며, 144,000인의 숫자만 논하는 사람 중 많은 사람이 가장 중요한 말씀의 핵심을 놓치게 되었습니다. 그 말씀의 핵심은 숫자가 아니라 그 144,400의 믿음의 내용입니다. 여러분 스스로 이 글을 읽으면서 144,000인의 숫자에 관한 "의미"를 정립하기 바랍니다.

II. 본론

1 144,000인을 이해하기 위한 성경적 이해 "3가지"

가. 마지막 시대에 필요한 "예표의 사람들" (증거될 사람들)

스가랴 3장에 하나님 보좌 앞에서 죄인들이 죄를 도말 받는 아름다운 과정이 기록되어 있습니다.

"대제사장 여호수아는 여호와의 사자 앞에 섰고 사탄은 그의 우편에 서서 그를 대적하는 것을 여호와께서 내게 보이시니라 여호와께서 사탄에게 이르시되 사탄아 여호와가 너를 책망하노라 예루살렘을 택한 여호와가 너를 책망하노라 이는 불에서 꺼낸 그슬린 나무가 아니냐 하실 때에 여호수아가 더러운 옷을 입고 천사 앞에 섰는지라 여호와께서 자기 앞에 선 자들에게 명하사 그 더러운 옷을 벗기라 하시고 또 여호수아에게 이르시되 내가 네 죄과를 제하여 버렸으니 네게 아름다운 옷을 입히리라 하시기로 내가 말하되 정한 관을 그 머리에 씌우소서 하매 곧 정한 관을 그 머리에 씌우며 옷을 입히고 여호와의 사자는 곁에 섰더라 여호와의 사자가 여호수아에게 증거하여 가로되 만군의 여호와의 말씀에 네가 만일 내 도를 준행하며 내 율례를 지키면 네가 내 집을 다스릴 것이요 내 뜰을 지킬 것이며 내가 또 너로 여기 섰는 자들 중에 왕래케 하리라 대제사장 여호수아야 너와 네 앞에 앉은 네 동료들은 내 말을 들을 것이니라 이들은 **예표의 사람이라** 내가 내 종 순을 나게 하리라 만군의 여호와가 말하노라 내가 너 여호수아 앞에 세운 돌을 보라 한 돌에 일곱 눈이 있느니라 내가 새길 것을 새기며 이 땅의 죄악을 하루에 제하리라"(슥 3:1–9).

그 과정에 흥미롭게도 사탄의 고소가 있습니다. 주님 앞에 선 대제사장인 여호수아는 교회를 대표합니다. 즉 우리 그리스도인을 대표하는 상징입니다. 여호와의 사자 앞에 섰는데 더러운 옷을 입고 서 있습니다. 여호와 앞에 참 보기 흉하지만 이것은 우리의 죄를 상징합니다. 그 때 사탄은 여호수아 즉 교회를 고소합니다. 사탄은 형제를 고소하는 자며 거짓의 아비입니다.

"너희는 너희 아비 마귀에게서 났으니 너희 아비의 욕심대로 너희도 행하고자 하느니라 그는 처음부터 살인한 자요 진리가 그 속에 없으므로 진리에 서지 못하고 거짓을 말할 때마다 제 것으로 말하나니 이는 **그가 거짓말쟁이요 거짓의 아비가 되었음이라**"(요 8:44).

"내가 또 들으니 하늘에 큰 음성이 있어 이르되 이제 우리 하나님의 구원과 능력과 나라와 또 그의 그리스도의 권세가 나타났으니 **우리 형제들을 참소하던 자 곧 우리 하나님 앞에서 밤낮 참소하던 자**가 쫓겨났고"(계 12:10).

그러나 지금 교회의 상징인 여호수아의 죄를 고소하고 있는 사탄은 거짓말을 하는 것이 아닙니다. 옳은 말을 하고 있습니다. 지금 사탄이 여호와 앞에서 하는 고소와 증거는 올바른 것입니다. 우리가 그런 죄를 지었기 때문에 올바른 고소를 하고 있습니다. 사탄은 하나님 앞에서 우리의 죄를 고소할 때 소리소리 지르며 흥분하지 않습니다. 그는 침착하고 아주 부드럽게 그리고 자신만만한 증거를 가지고 승리의 미소를 지으며 교회와 그리스도인들을 고소할 것입니다. 우리는 이러한 상황을 이해해야 합니다. 이렇게 고소하면 하늘의 재판정은 참 난감하며 그리스도인들도 기가 죽습니다. 그러나 그때 예수님께서 말씀하시기를 "이들이 불에서 꺼낸 그슬린 나무가 아니냐?" 다시 말해서 "사탄아! 네가 그들을 이렇게 고생시키고 괴롭혔으면 됐지. 또 무엇을 더하려고 하느냐?" 그런 말씀입니다. 불에서 꺼낸 그슬린 나무는 죄를 지은 당신의 백성들을 불쌍히 여김을 당해 옷을 새롭게 입힘을 받기 위해서 기다리는 교회입니다. 더러운 누더기를 입고, 그냥 주님께서 봐주심으로 슬쩍 하늘에 들어가는 것이 아니라, 다시 말씀드려서 자기 죄를 포기하지 않으려는 태도가 아니라, 죄를 버리고 다시는 그러한 죄 가운데 빠지지 않으려고 의롭게 살려고 결심하고 주 앞에 무릎을 꿇은 사람을 말하는 것입니다. 그런데 이렇게 불에 타다가 남은 그슬린 그 쓸모없는 나무를 보시며 주님께서 마귀의 고소를 중지시킵니다. 주님께서 내가 내 백성들 위해서 마지막 역사를 아직 끝나지 않았다고 하십니다. "조금 기다려라! 내가 이 교회와 함께 일을 끝내지 않았다. 할 일이 있다"라고 하십니다. 아직 주님의 중보사업이 끝나지 않은 것입니다.

"이제 하는 말의 중요한 것은 이러한 대제사장이 우리에게 있는 것이라 그가 하늘에서 위엄의 보좌 우편에 앉으셨으니 성소와 참 장막에 부리는 자라 이 장막은 주께서 베푸신 것이요 사람이 한 것이 아니니라 대제사장마다 예물과 제사 드림을 위하여 세운 자니 이러므로 저도 무슨 드릴 것이 있어야 할찌니라 예수께서 만일 땅에 계셨더면 제사장이 되지 아니하셨을 것이니 이는 율법을 좇아 예물을 드리는 제사장이 있음이라 저희가 섬기는 것은 하늘에 있는 것의 모형과 그림자라 모세가 장막을 지으려 할 때에 지시하심을 얻음과 같으니 가라사대 삼가 모든 것을 산에서 네게 보이던 본을 좇아 지으라 하셨느니라 **그러나 이제 그가 더 아름다운 직분을 얻으셨으니 이는 더 좋은 약속으로 세우신 더 좋은 언약의 중보시라**"(히 8:1-6).

언제까지요? 하나님께서 그들에게 깨끗한 의의 새 옷을 입혀주신 다음에 하나님의 계명을 지키고 예수의 증거를 가진 교회와 백성을 만들 때까지 예수님의 중보가 아직 끝나지 않았음을 말씀하십니다. 이해하기 쉽게 우리말 성경을 보겠습니다.

"여호와의 천사가 여호수아에게 말했다. 만군의 여호와께서 이렇게 말씀하신다. '만약 네가 내 길로 행하고 내 명령을 지키면 네가 내 집을 다스릴 것이며, 또 내 뜰을 돌볼 것이다. 그리고 너는 여기서 섬기는 천사들 가운데 자유롭게 다닐 수 있다. 대제사장 여호수아야. 그리고 여호수아 앞에 앉은 여호수아의 동료들아, 잘 들으라. **너희는 앞으로 생길 일의 표가 될 사람들이다.** 보라 내가 "**순(the BRANCH)**"이라 부르는 내 종을 보내겠다.' 만군의 여호와가 말한다. '내가 여호수아 앞에 세운 돌을 보라! 돌 하나에 일곱 개의 눈이 있다. 내가 그 돌 위에 이 땅의 죄를 하루 만에 없애겠다는 글을 새겨 놓겠다. 그날에는 너희가 너희 이웃을 서로 자기 포도나무와 무화과나무 아래로 부를 것이다.' 만군의 여호와가 말한다"(슥 3:6-10).

우리말 성경에서 말씀하기를 하나님 앞에 앉은 여호수아 동료들을 앞으로 생길 일의 "예표의 사람들"이라고 하였습니다. 이 사람들은 앞으로 누구입니까? 앞으로 하나님의 증인으로 살 예표의 사람들입니다. 복음의 증인들로서 세상에 모본이 될 사람이라고 성경은 말씀하고 있습니다. 그들이 하나님의 종으로서 세상으로 보냄을 받게 되며, 그 예표의 사람들을 통해 포도나무와 무화과나무 아래로 그 이웃들을 부를 것입니다. 그들은 자기의 생명을 조금도 귀한 것으로 여기지 아니하고 많은 사람을 옳은 데로 인도할 것이며 바벨론의 잘못된 가르침에 빠진 하나님의 남은 백성들을 하나님께 인도할 것입니다.

"지혜 있는 자는 궁창의 빛과 같이 빛날 것이요 많은 사람을 옳은 데로 돌아오게 한 자는 별과 같이 영원토록 비취리라"(단 12:3)

그런데 그 예표의 사람들은 어떠한 사람들입니까? 그들의 신앙과 성품에 대하여 스가랴 3장 7절에 말씀하십니다.

"만군의 여호와께서 이렇게 말씀하신다. 만약 네가 내 길로 행하고 내 명령을 지키면 네가 내 집을 다스릴 것이며, 또 내 뜰을 돌볼 것이다."(슥 3:7)

죄과를 제하여 버린다는 것은, 주님 편에서는 우리의 죄를 용서하여 주셨지만, 그 죄에 대하여 용서를 받는 죄인 편에서 다시는 그 죄를 짓지 아니할 마음이 준비되어 있는지, 진실로 그 사람의 회개가 진실한 것인지, 그 사람이 하나님의 계명을 지키고 죄를 버리는 삶을 살려는 철저한 변화가 그 사람 마음 가운데 있는지를 판단하시는 것입니다. 예수님은 그 일을 대제사장으로서 하시는 것입니다. 이런 과정이 마치 출애굽

해서 광야 생활을 거쳐 가나안 땅에 들어갔듯이, 주의 백성들이 통과하고 가야만 할 길입니다. 그래서 그들은 마음 가운데 죄에 대한 고뇌의 경험을 맞이하게 됩니다. 어떤 환란과 핍박이 있을지라도, 버림을 당할지라도 주의 뜻과 계명을 어기지 않는 마음과 믿음을 가진 진실한 성도들! 그래서 그 믿음으로, 즉 예수님이 보여주셨던 그 믿음으로 세상에 대하여 그들이 승리하게 되는 것입니다. 그것이 예수님의 믿음이며, 마지막 시대의 예표의 성도들이 가질 믿음입니다.

나. 추수 절기로 보는 "첫 열매"의 의미와 사명

"추수"라는 말은 모든 농부에게는 의미 있는 말이듯, 그리스도인들에게 "추수"는 참으로 가슴 떨리고 벅찬 단어입니다. 모든 알곡이 추수되는 그 날이 누구에게는 영원한 삶이 시작되는 날인 반면, 누구에게는 기록된 형벌이 시작되는 날입니다. 누구에게는 상을 받는 날인 반면, 누구에게는 벌을 받는 날이요, 누구에게는 영광의 날인 반면 누구에게는 수치의 날이요, 누구에게는 알곡으로 인정받는 날인 반면 누구는 쭉정이로 인정받는 날입니다. 예수님께서는 농사와 관련된 비유의 말씀을 많이 남기셨습니다. 이스라엘은 농사와 관련된 절기가 많음을 알 수가 있는데, 이 절기에서 주님께서 말씀하신 세상 끝 추수의 시기와 방법을 배울 수 있습니다. 우리나라의 농사는 봄에 심고 가을에 추수하지만, 이스라엘은 우리와 반대로 가을에 심고 봄에 추수합니다. 그들은 추수에 앞서 가장 좋은 곡식과 열매를 먼저 거두어 첫 열매를 하나님께 드리는 절기를 지내어야 하는데 이것을 "초곡절初穀節, 초실절初實節 또는 요제절搖祭節"이라고 합니다.

"너는 매년 삼차 내게 절기를 지킬찌니라 너는 무교병의 절기를 지키라 내가 네게 명한 대로 아빕월의 정한 때에 칠일 동안 무교병을 먹을찌니 이는 그 달에 네가 애굽에서 나왔음이라 빈 손으로 내게 보이지 말찌니라 맥추절을 지키라 이는 네가 수고하여 밭에 뿌린 것의 **첫 열매**를 거둠이니라 수장절을 지키라 이는 네가 수고하여 이룬 것을 연종에 밭에서부터 거두어 저장함이니라 너의 모든 남자는 매년 세번씩 주 여호와께 보일찌니라 너는 내 희생의 피를 유교병과 함께 드리지 말며 내 절기 희생의 기름을 아침까지 남겨 두지 말찌니라 너의 토지에서 **처음 익은 열매의 첫 것**을 가져다가 너의 하나님 여호와의 전에 드릴찌니라 너는 염소 새끼를 그 어미의 젖으로 삶지 말찌니라"(출 23:14-19).

"여호와께서 모세에게 일러 가라사대 이스라엘 자손에게 고하여 이르라 너희는 내가 너희에게 주는 땅에 들어가서 너희의 곡물을 거둘 때에 우선 너희의 곡물의 첫 이삭 한 단을 제사장에게로 가져갈 것이요 제사장은 너희를 위하여 그 단을 여호와 앞에 열납되도록 흔들되 안식일 이튿날에 흔들 것이며 너희가 그 단을 흔드는 날에 일년 되고 흠 없는 수양을 번제로 여호와께 드리고 그 소제로는 기름 섞은 고운 가루 에바 십분 이를 여호와께 드려 화제를 삼아 향기로운 냄새가 되게 하고 전제로는 포도주 힌 사분 일을 쓸 것이며 너희는 너희 하나님께 예물을 가져오는 그날까지 떡이든지 볶은 곡식이든지 생 이삭이든지 먹지 말찌니 이는 너희가 그 거하는 각처에서 **대대로 지킬 영원한 규례**니라"(레 23:9-14).

위의 성경 구절에서 발견할 수 있는 한 가지 흥미 있는 사실은 하나님께서 이스라엘 백성 중에 있는 모든 남자라면 반드시 예루살렘에 올라가서 지키라고 명령하신 삼대 절기에는 꼭 첫 열매를 드리는 의식이 먼저 있어야 한다는 사실입니다. 다시 말해서, 무교절과 오순절과 장막절은 보리와 밀과 나무 열매들을 추수하는 계절에 들어 있는데, 그 각각 절기에서 첫 열매를 드리는 일이 반드시 먼저 있지 않고서는 추수가 시작될 수 없다는 사실을 하나님께서 교훈을 통해 말씀하고 계십니다.

이 사실은 우리에게 무엇을 말해 주는 것입니까? 첫 열매가 먼저 준비되지 않고서는 추수를 시작할 수가 없다는 것입니다. 첫 열매는 밭에서 제일 먼저 익고 가장 좋은 최상의 상품이어야 합니다. 성경의 역사를 보면 하나님께서는 온 세상을 추수하시기 위하여 항상 그 세대마다 첫 열매들을 먼저 준비시키시고 세대마다 첫 열매들이 준비된 이후에 그들을 통하여 세상을 추수한 사실을 알게 됩니다. 말씀으로 증거한다면,

❶ **이스라엘**은 온 세상에서 하나님을 증거하고 추수를 대표하는 하나님을 향한 첫 열매였습니다.
"그 때에 이스라엘은 나 여호와의 성물 곧 나의 소산 중 **처음 열매**가 되었나니 그를 삼키는 자면 다 벌을 받아 재앙을 만났으리라 여호와의 말이니라"(렘 2:3).

❷ **예수님을 믿은 유대인들**은 유대 나라에서 거두어지게 될 추수의 첫 열매였습니다.
"이는 곧 내 골육을 아무쪼록 시기케 하여 저희 중에서 얼마를 구원하려 함이라 저희를 버리는 것이 세상의 화목이 되거든 그 받아들이는 것이 죽은 자 가운데서 사는 것이 아니면 무엇이리요 제사하는 **처음 익은 곡식 가루**가 거룩한즉 떡덩이도 그러하고 뿌리가 거룩한즉 가지도 그러하니라"(롬 11:14~16).

❸ **초대 교회**는 온 세상의 추수를 위해 드려진 첫 열매였고 초대 교회의 그리스도인들은 성령의 처음 익은 열매들이었습니다.

"그가 그 조물 중에 우리로 한 **첫 열매**가 되게 하시려고 자기의 뜻을 좇아 진리의 말씀으로 우리를 낳으셨느니라"(약 1:18).

"피조물이 다 이제까지 함께 탄식하며 함께 고통 하는 것을 우리가 아나니 이뿐 아니라 또한 우리 곧 성령의 **처음 익은 열매**를 받은 우리까지도 속으로 탄식하여 양자 될 것 곧 우리 몸의 구속을 기다리느니라"(롬 8:22,23).

❹ **예수 그리스도**는 첫째 부활의 아침에 일어날 모든 잠자는 자들의 첫 열매이셨습니다.

"그러나 이제 그리스도께서 죽은 자 가운데서 다시 살아 잠자는 자들의 **첫 열매**가 되셨도다"(고전 15:20).

예수님의 부활이 없었으면 의인들의 부활도 있을 수 없습니다. 또한, 초대교회는 앞에서 말씀드린 바와 같이 온 세상 복음을 위한 첫 열매였습니다. 그들이 먼저 성령을 받고 준비되는 일이 없었더라면 온 세상에 복음이 전파되는 일이 없었을 것입니다. 혹시 여러분은 온 세상에 복음이 다 전파되었다는 그 말에 의구심이 듭니까? 예수님께서는 온 세상에 복음이 전파돼야 세상 끝이 온다고 하셨는데, "언제 온 세상에 복음이 전파되었는지" 궁금하십니까? 성경은 온 세상에 복음이 한번은 전파되었음을 두 번이나 기록해 놓았습니다.

"첫째는 내가 예수 그리스도로 말미암아 너희 모든 사람을 인하여 내 하나님께 감사함은 **너희 믿음이 온 세상에 전파됨**이로다"(롬 1:8).

"만일 너희가 믿음에 거하고 터 위에 굳게 서서 너희 들은바 복음의 소망에서 흔들리지 아니하면 그리하라 **이 복음은 천하 만민에게 전파된 바요**

나 바울은 이 복음의 일군이 되었노라"(골 1:23).

그럼 마태복음 24장 14절의 말씀은 무슨 뜻입니까?
"그러나 **끝까지 견디는 자는 구원을 얻으리라** 이 천국 복음이 모든 민족에게 증거되기 위하여 **온 세상에 전파**되리니 그제야 끝이 오리라"(마 24:13,14).

비밀을 푸는 열쇠는 13절에 끝까지 견디는 자는 구원을 얻으리라는 말씀에 있습니다. 모든 성경에 기록된 역사는 마지막 세대인 우리에게 교훈하시는 것입니다. 마지막 시대에 다시 한 번 더 복음역사의 증거가 초대교회와 같이 온 세상에 전파된다는 교훈의 말씀입니다.

다. 마태복음 23, 24, 25장을 통한 "세상 심판의 순서"의 교훈

마태복음 23장, 24장, 25장을 서로 연관하여 자세히 읽고 상고하면 참으로 흥미 있는 사실과 세상의 마지막 때에 하나님의 역사하심을 알 수 있습니다. 각 장을 따로따로 보면 큰 그림을 알 수 없습니다. 특히 하나님께서 앞으로 행하실 장래사를 알고 싶으면, 과거의 기록된 말씀 속에 반드시 그와 같은 역사가 반복되어 있었으며 그 역사가 오늘날 똑같이, 그러나 지엽적인 것이 아닌 온 세상을 대상으로 일어난다는 것을 이해하고, 전체 장들을 개괄적인 주제로 보면 안 보이던 말씀들을 깨닫는 지혜가 생길 것입니다. 마태복음 23장은 그 당시 유대교회의 율법적이고, 형식적인 예배와 잘못된 신앙을 예수님께서 책망하십니다. 다음 24장에서는, 그들이 회개하지 않는다면 그들에게 임박할 재앙이 있으며 그런 재앙들을 통해 유대교회가 진심으로 회개하기를 원하십니다. 그런

다음 25장에서는 드디어 하나님께서는 세상의 민족과 나라들을 심판하고 분리하는 말씀이 기록되어 있습니다. 정리한다면 마태복음 23장은 교회의 책망, 24장은 환란과 핍박, 25장은 심판으로서 추수와 분리가 기록되어 있습니다. 우리는 이러한 기록을 어디서 또 볼 수 있습니까? 바로 요한계시록에서도 이 같은 역사의 기록을 볼 수가 있습니다. 이해하기 쉽게 도표를 참조하겠습니다.

- 마태복음과 요한계시록 -
세상 마지막 역사 순서 교훈

비교	교회 책망	환란과 핍박	추수, 심판, 분리
마태복음	23장	24장	25장(심판과 분리)
요한계시록	1~3장	4~13장	14장(심판과 추수)
		15~18장	19장(심판과 혼인잔치)

1. 교회 책망 → 2. 환란과 핍박 → 3. 주님 재림

두 성경의 말씀에도 분명하게 개국 이래 환란과 핍박 후에 주님께서 재림하심으로 세상을 심판하시고 그리스도인들을 추수와 혼인 잔치의 말씀들이 순서에 따라 기록이 되어 있습니다. 모든 성경은 모든 의미가 서로 일관되게 말씀을 증거하고 있습니다. 말씀에는 부조화가 없습니다. 모순이 없습니다. 이해가 안 되는 것이 없습니다. 부족함이 없습니다. 그래서 "진리"입니다.

2 정리

이제 그동안 궁금하였던 144,000인에 대한 말씀으로 들어가기 전에 앞에 글들을 정리하겠습니다.

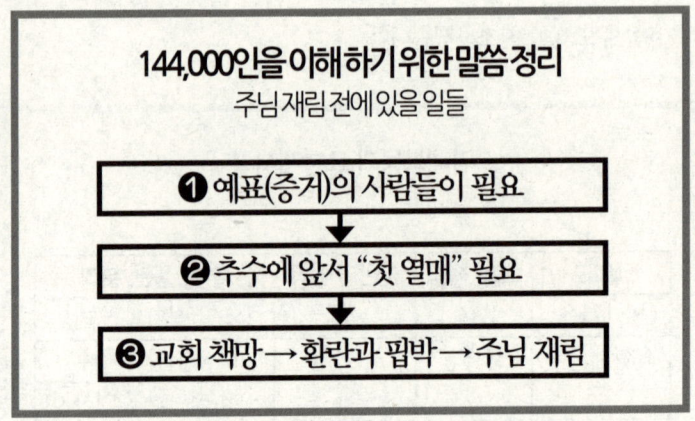

❶ 첫째, 하나님의 심판 전에 말씀을 전할 "예표(증인)의 사람들"이 있어야 합니다. 이러한 예는 성경의 기록된 역사가 하나님의 모든 심판 전에 그러한 일이 있었음을 증거하고 있습니다.

❷ 둘째, 추수에 앞서 반드시 "첫 열매"가 있어야 합니다.

❸ 셋째, 세상 심판 전에 교회의 책망이 있고(오늘날 교회들을 보십시오!), 다음에 환란과 핍박이 오고, 주님의 재림이 있습니다. 요한계시록 환란과 핍박의 장인 4장~13장의 사이 "7장"과 15장~18장의 사이 "14장"에, "144,000인"이 등장하게 됩니다. 왜 이렇게 144,000인을 들어가기 전에 많은 설명이 필요한지 이해하겠습니까? 그래야만 다음의 질문에 대해 이해할 수 있습니다.

(1) 144,000인이 등장할 시기
(2) 144,000인에 대한 하나님의 목적
(3) 144,000인이 해야 할 사명
(4) 144,000인의 신앙관
(5) 144,000인은 진정 누구인가?

3 144,000인의 궁금한 "3가지" 의문

가. 144,000인이 등장할 시기

144,000인이 등장할 시기는 언제입니까? 바로 오늘날의 시대입니다. 이들은 사탄과 마지막 영적 전쟁을 벌일 하나님 어린 양의 군사들이기 때문입니다. 그러므로 사탄은 144,000인에 대한 말씀을 혼잡케 하려고 온갖 수단을 다 쓰고 있습니다. 이런 문제로

첫 번째, 세상에서 7년 환란을 믿는 교단과 교회만이 144,000인이라고 믿고 있는데 하나님 말씀 앞에 단언하건대 안타깝게도 아닙니다.

두 번째, 그럼 지금의 중동 이스라엘인 인가요? 안타깝지만 이것도 잘못된 가르침입니다. 오늘날의 시대가 144,000인 등장할 시기입니다.

나. 144,000인에 대한 하나님의 목적과 그들이 해야 할 사명

144,000인에 대한 하나님의 목적은 무엇이고 그들이 해야 할 사명은 무엇일까요? 그들은 이제 심판과 다시 전할 영원한 복음을 가진 자들입

니다. 요한계시록 14장 1절부터 5절까지는 144,000인을 소개하며, 6절부터는 그들이 해야 할 일이 기록되어 있습니다.

"또 내가 보니 보라 어린 양이 시온 산에 섰고 그와 함께 십 사만 사천이 섰는데 그 이마에 어린 양의 이름과 그 아버지의 이름을 쓴 것이 있도다 내가 하늘에서 나는 소리를 들으니 많은 물소리도 같고 큰 뇌성도 같은데 내게 들리는 소리는 거문고 타는 자들의 그 거문고 타는 것 같더라 저희가 보좌와 네 생물과 장로들 앞에서 새 노래를 부르니 땅에서 구속함을 얻은 십 사만 사천인 밖에는 능히 이 노래를 배울 자가 없더라 이 사람들은 여자로 더불어 더럽히지 아니하고 정절이 있는 자라 어린 양이 어디로 인도하든지 따라가는 자며 사람 가운데서 구속을 받아 처음 익은 열매로 하나님과 어린 양에게 속한 자들이니 그 입에 거짓말이 없고 흠이 없는 자들이더라"(계 14:1-5).

그들은 세상의 나라와 사람들에게 전할 영원한 복음을 가졌는데, 그 복음은 "심판과 구원과 하나님을 경배하라!" 라는 복음입니다. 이제 마태복음 24장에서 주님께서 말씀하신 천국 복음이 세상 끝까지 전하여질 것이라는 말씀이 다시 한 번 증거가 될 것입니다.

"또 보니 다른 천사가 공중에 날아가는데 땅에 거하는 자들 곧 **여러 나라와 족속과 방언과 백성에게 전할 영원한 복음**을 가졌더라 그가 큰 음성으로 가로되 하나님을 두려워하며 그에게 영광을 돌리라 이는 그의 심판하실 시간이 이르렀음이니 하늘과 땅과 바다와 물들의 근원을 만드신 이를 경배하라 하더라"(계 14:6,7).

여러 나라와 족속과 방언과 백성에게 전해질 영원한 복음의 대상은 유대인들만이 아닌 것은 확실하지 않습니까? 이 말씀만 상고해도 7년 환란 기간에 유대인들에게만 복음이 전해진다는 것이 성경 말씀을 얼마나 왜곡하고 있는지를 알 수 있지 않습니까? 모든 교리가 성경적으로 확증되어야 합당하지 않습니까?

1) 영원한 복음이란?

그렇다면 영원한 복음의 내용은 무엇입니까? 영원한 복음이란 말씀은 요한계시록에만 나와 있습니다. 그냥 복음이 아니라 영원한 복음입니다. 왜 복음이면 복음이지, 영원한 복음이라고 말씀하셨을까요? 영원하다는 뜻은 "변치 않는다"는 의미입니다. "내가 당신을 영원히 사랑합니다."라는 것은 앞으로도 변치 않고 사랑할 것이라는 뜻입니다. 그러므로 영원한 복음이란 변치 않는 복음을 말합니다. 그러나 또 한편으로는 이 말씀은 앞으로 복음이 변하게 될 것을 경고하고 교훈하는 의미이기도 합니다. 복음이 시대를 거듭해 가면서 사람들의 기호에 맞추어서 변질할 것이기 때문에 원래 참 복음으로 돌아오라고 외치신다는 말씀입니다. 그것이 영원한 복음입니다. 계시록 14장은 이 세상 역사의 마지막 부분에 관하여 말씀하고 있는 예언의 장입니다. 그러므로 변질된 복음이 아니라, 원래 성경에서 기록된 참 복음, 영원한 복음에 대해서 말씀하고 계신 것입니다.

"일곱째 천사가 소리 내는 날 그 나팔을 불게 될 때에 하나님의 비밀이 그 종 선지자들에게 전하신 복음과 같이 이루리라"(계 10:7).

즉, 옛날부터 계속 전해 온 복음처럼 이루어진다는 말씀입니다. 변질되고, 오류가 있고, 사람들의 생각이 섞인 복음이 아닙니다. 이 복음은 원래 하나님께서 인류가 범죄한 후로 당신의 선지자들을 통해서 말씀해 오신 원래 참 복음입니다. 오늘날 성경의 복음이 원래의 의미에서 많이 세상과 타협되고 참뜻에서 떠나가 있다는 사실을 아십니까? 원래 복음, 즉 영원한 복음은 창세로부터 시작되었습니다. 인류가 범죄한 날부터, 어떻게 하면 영원한 생명으로 다시 돌아갈 수 있는지를 가르쳐주신 하나님의 구원의 방법에서 출발합니다. 사람은 하나님의 법을 어기고 범죄함으로 죽게 되었습니다. 따라서 하늘 본향으로 돌아가는 길은 하나님의 법대로 사는 사람이야만 합니다.

"나의 복음과 예수 그리스도를 전파함은 영세 전부터 감취었다가 이제는 나타내신 바 되었으며 영원하신 하나님의 명을 좇아 선지자들의 글로 말미암아 **모든 민족으로 믿어 순종케** 하시려고 알게 하신바 그 비밀의 계시를 좇아 된 것이니 이 복음으로 너희를 능히 견고케 하실"(롬 16:25,26).

얼마나 확실합니까? 우리의 죗된 생활을 씻고 새로운 마음을 받아서, 하나님의 계명을 지키는 사람이 되게 하는 하나님의 구원의 역사가 바로 복음입니다. 이 복음은 우리를 주님의 말씀대로 계명을 지키며 순종해 나갈 수 있게 이끌어 주고 나를 변화시켜주는 능력이 영원하고 변치 않는 복음입니다. 변화는 사람의 힘으로 되지 않습니다. 그것은 성령께서 우리 마음 가운데 역사하실 때 가능합니다. 그러나 오늘날 교회에서 전해지는 복음은 우리를 변화시키지 못합니다. 그것은 타락한 인간의 생각과 입맛대로 변질되고 변경된 다른 복음이기 때문입니다.

2) 하나님을 두려워하라!

하나님을 두려워하는 자들은 심판대 앞에 서게 됩니다. 궁극적으로 이 두려움은 누가복음 1장 75절에 나오는 말씀처럼 성결과 의로운 믿음만이 우리를 영원토록 하나님을 섬기게 할 수 있는 능력이 있는 것입니다. 하나님을 두려워하는 것은 하나님에 대한 "**사랑**"과 "**경건**"입니다.

"우리로 원수의 손에서 건지심을 입고 종신토록 주의 앞에서 **성결과 의로 두려움이 없이 섬기게 하리라** 하셨도다"(눅 1:74,75).

"**사랑 안에 두려움이 없고** 온전한 사랑이 두려움을 내어 쫓나니 두려움에는 형벌이 있음이라 두려워하는 자는 사랑 안에서 온전히 이루지 못하였느니라"(요일 4:18).

또한, "사랑"과 "경건"은 주님의 "계명" 안에 있는 자에게 "온전"함을 이룰 수 있게 합니다.

3) 그에게 영광을 돌리라.

영광은 오직 하나님만 받으실 수 있습니다. 그 영광은 그리스도께서 고난을 통해 하나님의 영광에 들어가셨습니다. 주님의 고난의 결과가 무엇입니까? 그것은 주님의 보혈, 사랑, 은혜인 "복음"입니다.

"말씀이 육신이 되어 우리 가운데 거하시매 우리가 그 영광을 보니 **아버지의 독생자의 영광이요 은혜와 진리가 충만하더라**"(요 1:14).

"그리스도가 이런 **고난을 받고 자기의 영광에 들어가야 할 것**이 아니냐 하시고"(눅 24:26).

우리 그리스도인들도 이와 같습니다. 장차 올 고난은 우리에게 나타날 영광과 족히 비교할 수 없습니다. 그러나 그 고난은 개인적인 생활,

생각, 욕심에서 받는 고난이 아니라, 다시 전해질 "영원한 복음"을 통한 고난을 말씀하고 있는 것입니다. 그래서 주님께서 먼저 모본으로 그 길을 가셨고, 사도들도, 많은 믿음의 선진들과 순교자들이 가셨기에 마지막 예표의 사람들인 첫 열매의 성도들이 갈 수가 있는 것입니다. 우리에게 "용기"와 "소망"을 주십니다.

"자녀이면 또한 후사 곧 하나님의 후사요 그리스도와 함께한 후사니 우리가 **그와 함께 영광을 받기 위하여 고난도 함께 받아야 될 것**이니라 생각건대 현재의 고난은 장차 **우리에게 나타날 영광과 족히 비교할 수 없도다**"(롬 8:17,18).

"오직 우리가 천사들보다 잠간 동안 못하게 하심을 입은 자 곧 죽음의 **고난 받으심을 인하여 영광**과 존귀로 관 쓰신 예수를 보니 이를 행하심은 하나님의 은혜로 말미암아 모든 사람을 위하여 죽음을 맛보려 하심이라"(히 2:9).

"만물이 인하고 만물이 말미암은 자에게는 많은 아들을 이끌어 영광에 들어가게 하시는 일에 저희 구원의 **주를 고난으로 말미암아 온전케** 하심이 합당하도다"(히 2:10).

"이 구원에 대하여는 너희에게 임할 은혜를 예언하던 선지자들이 연구하고 부지런히 살펴서 자기 속에 계신 **그리스도의 영이 그 받으실 고난과 후에 얻으실 영광**을 미리 증거하여 어느 시, 어떠한 때를 지시하시는지 상고하니라"(벧전 1:10,11).

"오직 너희가 그리스도의 고난에 참예하는 것으로 즐거워하라 이는 그의

영광을 나타내실 때에 너희로 즐거워하고 기뻐하게 하려 함이라"(벧전 4:13).

"만일 그리스도인으로 **고난을 받은즉** 부끄러워 말고 도리어 그 이름으로 하나님께 **영광**을 돌리라"(벧전 4:16).

"너희 중 장로들에게 권하노니 나는 함께 장로 된 자요 **그리스도의 고난의 증인**이요 나타날 **영광**에 참예할 자로라"(벧전 5:1).

"모든 은혜의 하나님 곧 그리스도 안에서 너희를 부르사 자기의 영원한 영광에 들어가게 하신 이가 **잠간 고난을 받은 너희**를 친히 온전케 하시며 굳게 하시며 강하게 하시며 터를 견고케 하시리라"(벧전 5:10).

4) 그의 심판하실 시간이 이르렀다.

이 메시지는 침례 요한의 외침을 상고해 보면 알 수 있습니다. 침례 요한이 외쳤습니다. "회개하라!" 천국에 가까웠으며 이제 타작 마당을 정하고 추수하시겠다는 말씀이 복음의 내용이었으며, 놀랍게도 마지막 시대를 사는 우리에게는 정말 현실적으로 와 닿는 말씀입니다.

"그 때에 세례 요한이 이르러 유대 광야에서 전파하여 가로되 **회개하라 천국이 가까왔느니라 하였으니** 저는 선지자 이사야로 말씀하신 자라 일렀으되 광야에 외치는 자의 소리가 있어 가로되 너희는 주의 길을 예비하라 그의 첩경을 평탄케 하라 하였느니라 이 요한은 약대 털옷을 입고 허리에 가죽띠를 띠고 음식은 메뚜기와 석청이었더라 이때에 예루살렘과 온 유대와 요단 강 사방에서 다 그에게 나아와 자기들의 죄를 자복하고 요단 강에서 그에게 세례를 받더니 요한이 많은 바리새인과 사두개인이 세례 베푸는데 오는 것을 보고 이르되 독사의 자식들아 **누가 너희를 가르쳐 임박한 진노를 피하라 하더냐** 그러므로 **회개에 합당한 열매를 맺고** 속으로 아브라함이 우리 조상이라고 생각지 말라 내가 너희에게 이르노니 하나님이 능히 **이 돌들로도 아브라함의 자손이 되게 하시리라** 이미 도끼가 나무 뿌리에 놓였으니 좋은 열매 맺지 아니하는 나무마다 찍어 불에 던지우리라 나는 너희로 회개케 하기 위하여 물로 세례를 주거니와 내 뒤에 오시는 이는 나보다 능력이 많으시니 나는 그의 신을 들기도 감당치 못하겠노라 그는 성령과 불로 너희에게 세례를 주실 것이요 **손에 키를 들고 자기의 타작 마당을 정하게 하사 알곡은 모아 곡간에 들이고 쭉정이는 꺼지지 않는 불에 태우시리라**"(마 3:1-12).

이상이 144,000인이 다시 세상에 전할 "영원한 복음"의 내용입니다. 이제 참 복음인 "영원한 복음"의 외침을 듣고 하나님께 경건하였던 그리스도인들이 그 바벨론의 교리와 음행된 가르침과 우상숭배에서 깨닫고 나오게 될 것입니다. 하나님의 은혜의 시기가 끝나기 전, 하나님의 마지막 사랑과 자비입니다.

"또 내가 들으니 하늘로서 다른 음성이 나서 가로되 **내 백성아, 거기서 나와 그의 죄에 참예하지 말고 그의 받을 재앙들을 받지 말라**"(계 18:4).

"주 여호와께서 가라사대 보라 날이 이를찌라 내가 기근을 땅에 보내리니 양식이 없어 주림이 아니며 물이 없어 갈함이 아니요 **여호와의 말씀을 듣지 못한 기갈이라** 사람이 이 바다에서 저 바다까지, 북에서 동까지 비틀거리며 여호와의 말씀을 구하려고 달려 왕래하되 얻지 못하리니 그 날에 아름다운 처녀와 젊은 남자가 다 갈하여 피곤하리라"(암 8:11-13).

"슬프다 나의 근심이여 어떻게 위로를 얻을 수 있을까 나의 중심이 번뇌하도다 딸 내 백성의 심히 먼 땅에서 부르짖는 소리로다 이르기를 여호와께서 시온에 계시지 아니한가, 그 왕이 그 중에 계시지 아니한가 그러나 여호와 께서는 이르시기를 그들이 어찌하여 그 조각한 신상과 이방의 헛된 것들로 나를 격노케 하였는고 하시니 **추수할 때가 지나고 여름이 다하였으나 우리는 구원을 얻지 못한다 하는도다**"(렘 8:18-20).

땅에서 올라오는 짐승과 바다에서 올라오는 짐승은 몇이든 다 죽이는 참혹한 핍박과 만행을 자행할 것입니다. 이런 환란과 핍박을 견딜 수 있는 믿음은 하루아침에 나오는 것이 아닙니다. 그러니 날마다 자신을 주 앞에 굴복하고, 주님의 보혈의 능력으로 죄에 대한 승리의 기쁨을 누리며, 경건하게 살고자 할 때 나올 수 있는 각자의 믿음에 덕을, 덕에 지식을, 지식에 절제를, 절제에 인내를, 인내에 경건을, 경건에 형제 우애를, 형제 우애에 사랑을 공급할 수 있는 장성한 그리스도인으로서 결국에는 이런 사람들만이 우리 주 예수 그리스도를 알기에 게으르지 않고 열매 없는 자가 되지 않습니다. 죽기까지 하나님을 사랑하셔야 합니다.

날마다 경건하게 사십시오!

거듭하여 "한번 구원의 체험이 영원한 영생"이라는 세상이 주는 평안하고 안전한 영생의 길에 안주하지 말고 계속해서 좁은 진리의 길을 가라고 권면합니다. 144,000인은 마지막 시대에 영원한 복음을 다시 전할 자들이며 또한 그것이 그들의 사명입니다.

다. 144,000인의 신앙관

마지막 시대에 하나님의 증인이 되어 하나님을 변호하고, 생명을 불사하고 하나님의 진리를 위하여 충성할 십사만 사천에 관한 신앙과 믿음이 말씀에 기록되어 있습니다.

"또 내가 보니 보라 어린 양이 시온 산에 섰고 그와 함께 십 사만 사천이 섰는데 그 이마에 어린 양의 이름과 그 아버지의 이름을 쓴 것이 있도다 저희가 보좌와 네 생물과 장로들 앞에서 새 노래를 부르니 땅에서 구속함을 얻은 십 사만 사천인 밖에는 능히 이 노래를 배울 자가 없더라 **이 사람들은 여자로 더불어 더럽히지 아니하고 정절이 있는 자라 어린 양이 어디로 인도하든지 따라가는 자며 사람 가운데서 구속을 받아 처음 익은 열매로 하나님과 어린 양에게 속한 자들이니 그 입에 거짓말이 없고 흠이 없는 자들이더라**"(계 14:1,3-5).

그들의 신앙관을 하나하나 살펴보기로 하겠습니다.

1) 여자로 더불어 더럽히지 아니함

십사만 사천의 특징을 살펴보면, 먼저 그들은 "여자로 더불어 더럽히지 아니"한 사람들이라고 합니다. 구약 성경에서 "행음"이나 "음행"이라는 단어는 이방 나라의 우상 숭배와 관련이 있는 표현들로 기록되어 있습니다. 그러므로 "여자로 더불어 더럽히지 않았다."는 것은 다른 복음이나 거짓된 가르침에 물들지 않은 순수한 진리를 그대로 지키고 믿는 것을 말합니다. 요한계시록에는 두 종류의 여자가 등장하는데, 하나는 주님의 몸된 교회를 상징하는 정결한 "여자"이고, 다른 하나는 바벨론 교회들을 상징하는 "음녀"입니다. 요한계시록 17장에는 바벨론을 "음녀"라고 표현하였습니다.

"그 이마에 이름이 기록되었으니 비밀이라, 큰 바벨론이라, 땅의 음녀들과 가증한 것들의 어미라 하였더라"(계 17:5)

"음녀"에 대한 정확한 개념을 이해하려면 그 반대의 의미가 있는 "정결한 처녀"(여자)에 대하여 살펴보면 알 수 있습니다. 성경에서 "여자" 또는 "정결한 처녀"는 하나님의 진리를 가진 주님의 몸된 교회를 상징합니다.

"내가 너희를 **정결한 처녀**로 한 남편인 그리스도께 드리려고 중매함이라"(고후 11:2).

그러므로 "정결한 처녀"(참 교회)와 반대 의미인 "음녀"는 거짓 가르침과 거짓 교리를 가지고 있는 바벨론 교회를 상징한다는 사실을 알 수 있습니다. 144,000인의 특징인 "여자로 더불어 더럽히지 아니했다."는 구절에서 "더럽히다."라는 표현을 쓴 것을 보아 이 여자는 정결한 여자가 아닌 음녀인 것을 알 수 있습니다. 음녀는 영적으로 세상과 벗됨으로 간음을 범하는 교회라고 성경은 교훈하고 있습니다.

"**간음하는 여자들이여 세상과 벗된 것이 하나님의 원수**임을 알지 못하느뇨 그런즉 누구든지 세상과 벗이 되고자 하는 자는 스스로 하나님과 원수되게 하는 것이니라"(약 4:4).

그러므로 144,000인은 음행을 범하는 음녀인 바벨론 교회와 완전히 대조되는 마지막 시대의 증인과 백성인 교회로서 그들은 음녀(바벨론 교회)가 가르치는 교리들에 의하여 더럽혀지지 않았으며 순결한 진리를 끝까지 따라가는 사람들입니다. 즉, 음녀의 취하게 하는 포도주에 취하지 않은 사람들입니다.

"또 다른 천사, 곧 둘째가 그 뒤를 따라 말하되 무너졌도다, 무너졌도다, 큰 성 바벨론이여 **모든 나라를 그 음행으로 인하여 진노의 포도주로 먹이**

던 자로다 하더라"(계 14:8).

오늘날 기독교에는 성경의 순수한 복음과 진리에서 변질된 오류의 가르침들이 성행하고 있으며 하나님께서는 그 옛날 유대교회를 책망하신 것처럼 그들을 책망하고 있으나 목이 곧고 앞을 보지 못하고 귀는 닫아 버리고 말았습니다. 마지막 짐승의 표를 거절하고 하나님의 편에서 진리를 위하여 충성할 사람들은 변질되지 않은 복음, 바벨론의 포도주에 취하지 않은 순수한 복음과 가르침을 깨달은 사람들인데, 이것이 144,000인의 첫 번째 특징입니다.

2) 어린양이 어디로 인도하든지 따라가는 자

"구속함을 얻은 십사만 사천 인 밖에는 능히 이 노래를 배울 자가 없더라"(계 14:3).

이 말씀은 참으로 우리 그리스도인들에게 의미심장한 교훈을 줍니다. 이 노래는 도대체 무엇일까요? 이 노래는 바로 십사만 사천 각 개인이 겪은 경험에서 나온 노래이며, 그것을 체험한 사람 외에는 부를 수 없는 경험의 노래입니다. 그렇다면 그 경험이란 무엇입니까? 그것은 어린양 되신 예수님께서 그들을 인도하시는 과정에서 겪은 고난과 핍박의 경험들입니다. 십사만 사천은 어린양이신 예수님께서 그들을 어디로 인도하시든지 순종하고 따라가는 사람입니다. 어린양이 어디로 인도하든지 따라간다는 말의 뜻은 예수님이 인도하시는 곳이면, 어느 곳이라도 순종하며 따라간다는 말인데, 예수님께서 가신 길, 예수님께서 당하셨던 경험을 그대로 하며 따라가는 것을 말합니다. 그것은 주님을 따르는 데 걸림돌이 되는 모든 것을 버리는 일, 주님을 따르는 길에 닥쳐오는 고난과 시련과 역경을 견디는 일, 또한 주님을 따르기 위해, 진리를 위해 그리고 하나님께 충성하기 위해 자아를 포기하는 일과 세상의 우상들을 포기하는 일, 그리고 세상의 쾌락이나 재물이나 명예를 포기하는 일들을 포함하고 있습니다. 십사만 사천인은 무엇이든지 주님의 뜻이면 순종하고 따라갑니다. 그렇게 주님을 따라가는 과정에서 그들은 고난을 견디며 극기와 인내를 배웁니다. 그리하여 그 모든 과정을 견디며 그들은 그들만의 경험의 노래를 배우는 것이다. 아무도 흉내 낼 수 없고, 또 부를 수도 없는 경험의 노래입니다. 우리는 주님을 어디까지 따라가야 할까요?

"다섯째 인을 떼실 때에 내가 보니 하나님의 말씀과 저희의 가진 증거를 인하여 죽임을 당한 영혼들이 제단 아래 있어 큰 소리로 불러 가로되 거룩하고 참되신 대주재여 땅에 거하는 자들을 심판하여 우리 피를 신원하여 주지 아니하시기를 어느 때까지 하시려나이까 하니 각각 저희에게 흰 두루마기를 주시며 가라사대 아직 잠시 동안 쉬되 **저희 동무 종들과 형제들도 자기처럼 죽임을 받아 그 수가 차기까지 하라** 하시더라 내가 보니 여섯째 인을 떼실 때에 큰 지진이 나며 해가 총담 같이 검어지고 온 달이 피 같이 되며"(계 6:9-12).

"또 내가 보좌들을 보니 거기 앉은 자들이 있어 심판하는 권세를 받았더라 또 **내가 보니 예수의 증거와 하나님의 말씀을 인하여 목 베임을 받은 자의 영혼들과** 또 짐승과 그의 우상에게 경배하지도 아니하고 이마와 손에 그의 표를 받지도 아니한 자들이 살아서 그리스도로 더불어 천년 동안 왕 노릇 하니 (그 나머지 죽은 자들은 그 천 년이 차기까지 살지 못하더라) 이는 첫째 부활이라 이 첫째 부활에 참예하는 자들은 복이 있고 거룩하도다 둘째 사망이 그들을 다스리는 권세가 없고 도리어 그들이 하나님과 그리스도의 제사장이 되어 천년 동안 그리스도로 더불어 왕 노릇 하리라"(계 20:4-6).

위의 성경 절들에서 예수님의 재림 직전에 순교의 피를 흘림으로 추수를 위한 사업에 동참할 수많은 순교자가 있을 것을 알 수 있습니다. 다섯째 인은 시기로 보아 재림의 장면이 묘사된 여섯째 인이 떼기 바로 전이기 때문에, 재림 전 환난의 시기에 주님을 위하여 진리를 전파하고 믿으며 순교 당할 사람들이 있을 것을 알 수 있습니다. 그들은 저희의 가진 증거, 곧 하나님의 진리에 대한 깨달음과 확신과 자신들만의 신앙의 간증과 체험을 한 자들로서 죽기까지 충성하며 중세기에 있었던 많은 순교자처럼 주님을 위하여 순교하는 사람들입니다. 물론 144,000인은 순교자들은 아닙니다.

"무릇 내게 오는 자가 자기 부모와 처자와 형제와 자매와 및 **자기 목숨까지 미워하지 아니하면 능히 나의 제자가 되지 못하고 누구든지 자기 십자가를 지고 나를 좇지 않는 자도 능히 나의 제자가 되지 못하리라**" (눅 14:26,27).

144,000인은 오늘날 주님께서 바라시는 진정한 예수님의 제자들입니다. 우리는 하나님께서 말씀하신 믿음과 순종, 그리스도인의 달려갈 길과 주 예수께 받은 사명과 복음 증거하는 일을 마치려 하는 마지막 시대에, 자기 목숨까지 미워하며, 믿음으로 세상에서 승리하는 그리스도인들을 곧 보게 될 것입니다.

3) 처음 익은 "첫 열매"

성경은 십사만 사천을 "사람 가운데서 구속을 받아 처음 익은 열매"라고 말씀하고 있습니다. 십사만 사천은 마지막 시대에 구원 얻을 자들을 표상하는 추수의 첫 열매들이며, "처음 익은 열매로 하나님과 어린 양에게 속한 자들"입니다. 유대 풍습은 첫 열매가 생겨야 추수를 할 수가 있습니다. 십사만 사천이 첫 열매가 되는 이유도 이와 같습니다. 십사만 사천, 즉 마지막 세대가 먼저 준비되어 완전히 영그는 일이 먼저 생기지 않는다면 세상의 마지막 추수가 있을 수가 없습니다. 제일 먼저 잘 익은 첫 열매들을 하나님께 바치는 일이 있기 전에는 마지막 추수도 시작될 수가 없기 때문입니다. 우리가 사는 이 마지막 시대에도 진리를 통하여 먼저 영글고 예수의 마음으로 준비되어 인침 받은 144,000인이 준비되기 전에는 세상 끝의 추수 사업이 시작될 수가 없습니다. 하나님께서는 마지막 시대의 첫 열매들을 기다리고 계시는데, 이 첫 열매들이 바로 십사만 사천입니다. 그들은 예수의 믿음을 가지고 하나님의 계명을 지키는 경험을 먼저 하는 자들입니다. 그들은 첫 열매되신 예수님께서 성령 충만하시어 모든 죄의 유혹에 승리하셨던 것처럼 온전히 죄를 승리하는 경험을 먼저 하는 첫 열매입니다. 그래서 그들은 여자의 남은 무리라고 부르며 그들의 특징이 하나님의 계명을 지키며 예수의 증거를 가지고 있다고 성경은 증거하고 있습니다.

4) 입에 거짓말이 없고 흠이 없는 자

입에 흠이 없는 사람은 완전한 예수님의 마음을 가졌다고 해도 과언이 아닐 것입니다. 말은 그 사람의 생각과 성품을 드러냅니다.

"선한 사람은 마음에 쌓은 선에서 선을 내고 악한 자는 그 쌓은 악에서 악을 내나니 이는 마음에 가득한 것을 입으로 말함이니라" (눅 6:45).

성경은 십사만 사천은 "입에 거짓말이 없고 흠이 없는 자"라고 말하며, 그들은 예수 그리스도의 흠 없는 성품을 가진 사람들입니다. 성경은 "네가 언어에 조급한 사람을 보느냐 그보다 미련한 자에게 오히려 바랄 것이 있느니라"(잠 29:20), "자기의 마음을 제어하지 아니하는 자는 성읍이 무너지고 성벽이 없는 것 같으니라"(잠 25:28)라고 말합니다. 인생의 어려운 일, 괴로운 일, 불쾌한 일들 대부분은 감정을 다스리지 못하는 데 원인이 있으며, 그 다스리지 못한 감정으로부터 나오는 말이 화근이 되는 경우가 많습니다. 그리스도인은 자기의 혀를 재갈 먹이고 사납고 참지 못하는 말은 하지 않기로 마음으로 결심을 굳게 하여야 합니다. 자기의 입의 말과 혀를 제어하는 사람이 모든 인내의 시험에 승리할 수 있을 것입니다. 사람은 자신의 힘으로는 자신을 다스리지 못하나 그리스도를 통하여 십자가의 보혈의 은혜와 그분의 능력으로 생각과 말을 하나님의 뜻에 복종시킬 수 있습니다. 그리스도인들은 언제나 하나님 앞에 있는 것처럼 생활하며 우리를 상관하시는 분의 눈앞에 모든 생각이 공개되어 있다는 것을 의식하며 살아야 합니다. 그리스도인이 하는 모든 것은 주님께서의 우리에게 주신 말씀의 빛처럼 투명해야 하며 또한, 우리의 마음이 진리이신 주님의 인도를 끊임없이 받지 않는 한 진리를 말할 수는 없습니다. 그리스도께서는 사도 바울을 통하여 이렇게 말씀하셨습니다.

"너희 말은 항상 은혜 가운데서 소금으로 고르게 함같이 하라"(골 4:6).
"무릇 더러운 말은 너희 입 밖에도 내지 말고 오직 덕을 세우는 데 소용되는 대로 선한 말을 하여 듣는 자들에게 은혜를 끼치게 하라"(엡 4:29).

그리스도인들은 열매 없는 어둠의 일에 참여하지 말아야 하며 생활에서와 마찬가지로 말에서도 정직하고 참되어야 합니다. 만일 우리가 하나님께서 우리를 보시듯이 우리 자신을 볼 수 있다면, 철저한 회심이 없이 하나님의 나라에 들어갈 수 없다는 사실이 마음속에 분명해질 것입니다. 그리스도께서는 세상을 그분 자신에게 복종시키기 위해 이 세상에 오셨지만, 논쟁의 힘이나 명령의 소리로 순종을 요구하지 않으셨으며, 그분은 선을 행하시고, 평화와 사랑에 속한 것들을 가르치고 다니셨으며, 투쟁을 불러일으키지 않으셨고, 개인적인 상처에 분개하지 않으셨으며, 모욕과 거짓 고소와 잔인한 채찍질을 겸손하고 온유한 복종으로 대하셨습니다. 그리스도께서는 우리의 모범이시며, 그분의 생애와 가르침은 실제적인 신앙생활의 예표와 증인이셨습니다. 그분의 마음은 선을 행하고 악을 극복하기 위한 살아 있는 그리스도인들의 모범이었습니다.

"만일 말에 실수가 없는 자면 곧 온전한 사람이라. 능히 온몸도 굴레 씌우리라"(약 3:2).

말과 행동은 하늘에 속한 흠 없고 순결한 것이 되어야 합니다. 특히 마지막 시대 하나님을 위한 그리스도인들은 더욱더 매일 자아에 대하여 죽어야 하는 신앙이 무엇인지를 알아야 합니다. 많은 믿음의 선진들도 144,000인처럼 믿음의 본질인 세상의 거짓된 종교에서 정절을 지키고 어린양의 인도에 대한 순종과 거짓 없고 흠이 없이 살기 위해 애써 왔으며, 사도들도 이런 신앙의 삶을 살았었던 것을 성경은 증거 합니다.

"악은 모든 모양이라도 버리라 평강의 하나님이 친히 너희로 온전히 거룩하게 하시고 또 너희 온 영과 혼과 몸이 우리 주 예수 그리스도 강림하실 때에 **흠 없게 보전되기를 원하노라**"(살전 5:22,23).

"이는 곧 물로 씻어 말씀으로 깨끗하게 하사 거룩하게 하시고 자기 앞에 영광스러운 교회로 세우사 티나 주름 잡힌 것이나 이런 것들이 없이 **거룩하고 흠이 없게 하려 하심이니라**"(엡 5:26,27).

"하나님의 날이 임하기를 바라보고 간절히 사모하라 그 날에 하늘이 불에 타서 풀어지고 체질이 뜨거운 불에 녹아지려니와 우리는 그의 약속대로 의의 거하는바 새 하늘과 새 땅을 바라보도다 그러므로 사랑하는 자들아 너희가 이것을 바라보나니 주 앞에서 점도 없고 **흠도 없이 평강 가운데서 나타나기를 힘쓰라**"(벧후 3:12-14).

Ⅲ 결 론

1 성경으로 이해하는 "숨겨진 말씀 144,000인"

요한계시록 7장을 보면 144,000인이 이스라엘 12지파에서 지파마다 12,000명씩 나오는데, 12지파의 이름이 원래 이스라엘 12지파와는 조금 다릅니다.

"야곱의 아들은 열둘이라 레아의 소생은 야곱의 장자 1)**르우벤**과 그 다음 2)**시므온**과 3)**레위**와 4)**유다**와 5)**잇사갈**과 6)**스불론**이요 라헬의 소생은 7)**요셉**과 8)**베냐민**이며 라헬의 여종 빌하의 소생은 9)**단**과 10)**납달리**요 레아의 여종 실바의 소생은 11)**갓**과 12)**아셀**이니 이들은 야곱의 아들들이요 밧단아람에서 그에게 낳은 자더라"(창 35:23-26).

그런데 창세기에 기록된 야곱의 12 아들이 이스라엘이 출애굽한 후 하나님께서 모세에게 지시한 새로운 지파의 지정에서는 다르게 민수기에 기록이 됩니다.

"이스라엘 자손이 애굽 땅에서 나온 후 제 이년 이월 일일에 **여호와께서** 시내 광야 회막에서 모세에게 일러 가라사대 너희는 이스라엘 자손의 모든 회중 각 남자의 수를 그들의 가족과 종족을 따라 그 명수대로 계수할찌니 이스라엘 중 이십 세 이상으로 싸움에 나갈만한 모든 자를 너와 아론은 그 군대대로 계수하되 **매 지파의 각기 종족**의 두령 한 사람씩 너희와 함께 하라 너희와 함께 설 사람들의 이름은 이러하니 1)**르우벤**에게서는 스데울의 아들 엘리술이요 2)**시므온**에게서는 수리삿대의 아들 슬루미엘이요 3)**유다**에게서는 암미나답의 아들 나손이요 4)**잇사갈**에게서는 수알의 아들 느다넬이요 5)**스불론**에게서는 헬론의 아들 엘리압이요 요셉 자손에게서는 6)**에브라임**에 암미훗의 아들 엘리사마와 7)**므낫세**에 브다술의 아들 가말리엘이요 8)**베냐민**에게서는 기드오니의 아들 아비단이요 9)**단**에게서는 암미삿대의 아들 아히에셀이요 10)**아셀**에게서는 오그란의 아들 바기엘이요 11)**갓**에게서는 드우엘의 아들 엘리아삽이요 12)**납달리**에게서는 에난의 아들 아히라니라 하시니 그들은 회중에서 부름을 받은 자요 그 조상 지파의 족장으로서 이스라엘 천만인의 두령이라"(민 1:1-16).

민수기에 와서는 하나님께서 요셉 지파를 에브라임과 므낫세로 대신하며, 레위 지파를 제외하였습니다. 그 이유는 레위 지파는 광야의 성막에서 그들이 맡은 사명이 있었기 때문입니다.

"오직 **레위**인은 그 조상의 지파대로 그 계수에 들지 아니하였으니 이는 여호와께서 모세에게 일러 가라사대 **레위 지파만은 너는 계수치 말며** 그들을 이스라엘 자손 계수 중에 넣지 말고 그들로 증거막과 그 모든 기구와 그 모든 부속품을 관리하게 하라 그들은 그 장막과 그 모든 기구를 운반하며 거기서 봉사하며 장막 사면에 진을 칠찌며"(레 1:47-50).

하나님께서는 이 12지파를 최종적으로 요한계시록 7장에서 다시 나눕니다.

"내가 인 맞은 자의 수를 들으니 이스라엘 자손의 각 지파 중에서 인맞은 자들이 십 사만 사천이니 1)**유다** 지파 중에 인 맞은 자가 일만 이천이요 2)**르우벤** 지파 중에 일만 이천이요 3)**갓** 지파 중에 일만 이천이요 4)**아셀** 지파 중에 일만 이천이요 5)**납달리** 지파 중에 일만 이천이요 6)**므낫세** 지파 중에 일만 이천이요 7)**시므온** 지파 중에 일만 이천이요 8)**레위** 지파 중에 일만 이천이요 9)**잇사갈** 지파 중에 일만 이천이요 10)**스불론** 지파 중에 일만 이천이요 11)**요셉** 지파 중에 일만 이천이요 12)**베냐민** 지파 중에 인 맞은 자가 일만 이천이라"(계 7:4-8).

구분	1	2	3	4	5	6	7	8	9	10	11	12
1 창세기	르우벤	시므온	레위	유다	단	납달리	갓	아셀	잇사갈	스불론	요셉	베냐민
2 민수기 ▼요셉 및 레위지파 제외 (요셉 지파를 2파로 나누심)												
2 민수기	르우벤	시므온	유다	잇사갈	스불론	에브라임	므낫세	베냐민	단	아셀	갓	납달리
3 요한계시록 ▼에브라임 및 단지파 제외 (요셉 및 레위지파 재 등장)												
3 요한계시록	유다	르우벤	갓	아셀	납달리	므낫세	시므온	레위	잇사갈	스불론	요셉	베냐민

요한계시록에서 지금껏 하나님께서 이스라엘 12지파를 이끌고 오시던 말씀과 다른 두 가지 이상한 점이 발견됩니다.

첫 번째, 2지파의 탈락과 새로운 선정입니다.

계시록 7장에서는 요셉의 둘째인 에브라임과 단 지파가 빠지고 흥미롭게도 에브라임의 아버지 요셉과 증거 장막의 봉사 사명으로 제외된 레위 지파가 계수가 됩니다. 정말 궁금하고 흥미롭지 않을 수가 없습니다. 언뜻 보면 하나님께서는 자신의 말씀을 뒤집으시고 뜻을 그때그때 변하시는 분으로 오해할 수 있으나 절대로 그러하지 않습니다. 오히려 정확하고 일관되게 그분의 주장을 말씀하시고 그리스도인들에게 교훈하고 계십니다.

두 번째, 12지파의 배열 순서를 장자 순으로 기록하지 않았습니다.

세상의 마지막 역사를 기록한 계시록의 일곱 교회에서 이기는 자들에 관하여 주님께서 말씀하시며 또한 성도들이 말세의 고통 하는 때에 믿음으로 세상을 이기기를 하나님께서 원하시는 것입니다. "세상을 이겨라. 내가 너희에게 복을 주겠다." 하나님께서 우리가 세상과의 싸움에서 얼마나 이기기를 원하시는지... 여러분은 이기고 계십니까? 하나님께서 우리의 이름을 이스라엘로 바꿔주셔도 합당하십니까? 그리하여 세상 역사가 하나님의 계획에 따라 끝나는 시기에 하나님께서 축복의 말씀을 하십니다. "이기는 자는 내가 진정 너의 하나님이 되고 내 아들이 되리라!"

"이기는 자는 이것들을 유업으로 얻으리라 나는 저의 하나님이 되고 그는 내 아들이 되리라"(계 21:7).

"이스라엘"이라는 진정한 의미는 세상을 이기는 성도들에게 줄 수 있는 하나님의 특별한 사랑의 이름이며 선물입니다. "하나님의 시험을 이긴 자"는 주님 말씀과 사도들의 말씀의 증거를 통해 세상을 이긴 그리스도인으로 "이스라엘"이란 이름으로 불려도 합당하며 그러한 자들이 하나님 앞에 담대히 나갈 수 있는 믿음을 가진 자입니다.

거듭난 그리스도인 = 세상을 이긴 자 = 이스라엘

성경에는 하나님께서 만드신 이름이나 사람들이 만든 이름이나 그 이름에는 "의미"가 다 있습니다. 물론 현대를 사는 우리도 이와 같은 이름의 "의미"를 가지고 있습니다. 요한계시록 7장에 나타난 순서대로 그 이름의 "의미"를 찾아 정리해 보면 참 흥미롭고 144,000이 어떤 사람들을 의미하는지 알 수가 있습니다.

❶ 유다의 의미는 [찬양]
"그가 또 잉태하여 아들을 낳고 가로되 내가 이제는 여호와를 찬송하리로다 하고 이로 인하여 그가 그 이름을 1)유다라 하였고 그의 생산이 멈추었더라"(창 29:35).

❷ 르우벤은 [보라! 아들이다.]
"레아가 잉태하여 아들을 낳고 그 이름을 2)르우벤이라 하여 가로되 여호와께서 나의 괴로움을 권고하셨으니 이제는 내 남편이 나를 사랑하리로다 하였더라"(창 29:32).

❸ 갓은 [복되다.]
"레아가 가로되 복되도다 하고 그 이름을 3)갓이라 하였으며"(창 30:11).

❹ 아셀은 [행복, 기쁘다.]

"레아가 가로되 기쁘도다 모든 딸들이 나를 기쁜 자라 하리로다 하고 그 이름을 4)아셀이라 하였더라"(창 30:13).

❺ 납달리는 [씨름, 경쟁하다.]
"라헬이 가로되 내가 형과 크게 경쟁하여 이기었다 하고 그 이름을 5)납달리라 하였더라"(창 30:8).

❻ 므낫세는 [잊어버린다.]
"요셉이 그 장자의 이름을 6)므낫세라 하였으니 하나님이 나로 나의 모든 고난과 나의 아비의 온 집 일을 잊어버리게 하셨다 함이요"(창 41:51).

❼ 시므온은 [들으심]
"그가 다시 잉태하여 아들을 낳고 가로되 여호와께서 나의 총이 없음을 들으셨으므로 내게 이도 주셨도다 하고 그 이름을 7)시므온이라 하였으며"(창 29:33).

❽ 레위는 [연합함]
"그가 또 잉태하여 아들을 낳고 가로되 내가 그에게 세 아들을 낳았으니 내 남편이 지금부터 나와 연합하리로다 하고 그 이름을 8)레위라 하였으며"(창 29:34).

❾ 잇사갈은 [하나님께서 값을 줌]
"레아가 가로되 내가 내 시녀를 남편에게 주었으므로 하나님이 내게 그 값을 주셨다 하고 그 이름을 9)잇사갈이라 하였으며"(창 30:18).

❿ 스불론은 [거한다.]

"레아가 가로되 하나님이 내게 후한 선물을 주시도다 내가 남편에게 여섯 아들을 낳았으니 이제는 그가 나와 함께 거하리라 하고 그 이름을 10)스불론이라 하였으며"(창 30:20).

⓫ 요셉은 [더해졌다.]

"그 이름을 11)요셉이라 하니 여호와는 다시 다른 아들을 내게 더하시기를 원하노라 함이었더라"(창 30:24).

⓬ 베냐민은 [오른편에 있는 아들]

"그가 죽기에 임하여 그 혼이 떠나려할 때에 아들의 이름은 베노니라 불렀으나 그 아비가 그를 12)베냐민이라 불렀더라"(창 35:18).

이 의미를 한데 모아서 부사와 또 설명하는 문구를 한두 마디 넣어서 성경에서 말씀하는 그리스도인들의 신앙의 의미로 문장을 만들어 보십시오.

"찬양, 보라! 아들이다, 복되다, 행복— 기쁘다, 씨름—경쟁하다, 잊어버린다, 들으심, 연합함, 값을 줌, 거한다, 더해졌다, 오른편에 있는 아들"

한번 만들어 볼까요?
(1) 찬양하라! 기도로서 씨름한 후에 행복하여 진 아들들의 무리여! 그들은 자신의 죄를 잊고 하나님의 말씀을 청종하여 하나님의 우편에 있는 아들에게 합하여져서 사는 하나님의 종들이여!

또 하나 만들어 볼까요?

(2) 찬양하라! 보라 아들을 주셨도다. 우리는 복되고 기쁘도다. 이제 세상과 씨름해서 이기고 죄에 대해 잊어버린 바 되었음을 하나님께서 들으셨다. 죄에 대한 값을 치른 형제들이 연합하여 거하니, 오른편에 아들로서 그 은혜가 더해졌다.

여러분도 저 단어들을 사용하여 한 번 만들어 보십시오! 얼마나 그리스도인들에게 은혜가 되는 말씀의 단어들입니까? 무궁무진한 은혜의 말씀들이, 각 12지파의 이름 속에 다 포함되어 있습니다.

12지파 이름과 144,000인 이름 비교
- 세상을 이긴 자 "이스라엘" -

12지파의 의미
찬양, 보라! 아들이다, 복되다, 기쁘다,
경쟁하여 이기다, 잊어버리다, 들으심, 연합,
값을 주심, 함께 거함, 더하심, 오른편의 아들

144,000의 신앙
1. 여자로 더불어 더럽히지 아니하고 정절이 있는 자
2. 어린 양이 어디로 인도하든지 따라가는 자
3. 사람 가운데서 구속을 받아 처음 익은 열매
4. 하나님과 어린 양에게 속한 자들이니
5. 그 입에 거짓말이 없고 흠이 없는 자들이더라

요한계시록 7장 7, 8절까지 이름들의 의미는 결과적으로는 요한계시록 14장에 나오는 144,000인의 신앙과 믿음을 증거하고 꾸며주는 보충의 말씀들입니다.

이것이 그리스도인들의 신앙입니다. 이것이 믿음입니다.

창세기의 죄 사함 받은 아담부터 아벨, 에녹, 노아, 아브라함, 이삭, 야곱, 믿음의 선지자들, 12사도, 수많은 믿음의 선진들...창세기로부터 시작되어 유다서까지 기록된 그리스도인들의 신앙을 한마디로 요약한다면 12지파의 이름의 의미와 144,000인의 신앙을 말씀으로 대변할 수 있습니다. 이해하기 쉽도록 도표로 설명해 보겠습니다.

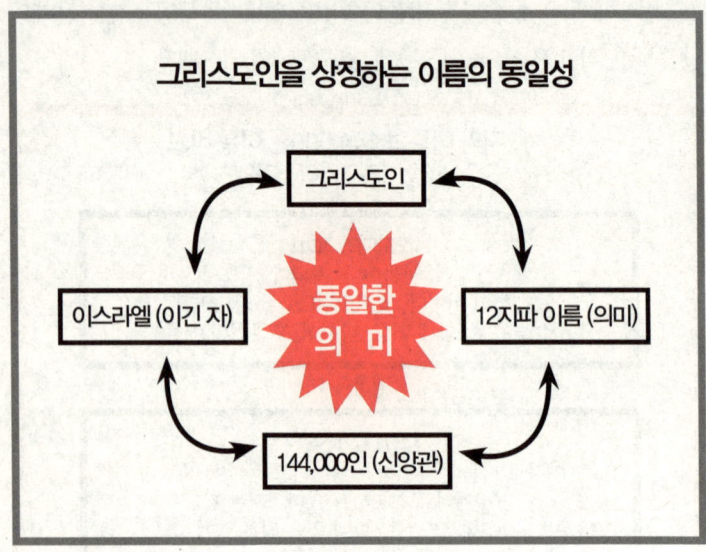

이해가 됩니까? 이해가 잘 안 된다면 아래 질문에 답변해 보기 바랍니다.
 (1) 그리스도인이십니까?
 (2) 세상을 이기는 신앙으로 사십니까?
 (3) 12지파의 이름의 의미와 같은 믿음을 갖고 계십니까?
 (4) 144,000인의 신앙과 같은 신앙관을 추구하고 계십니까?

이제 144,000인의 잘못된 가르침과 "편견과 오해"와 의문이 풀렸으리라고 생각합니다. 성경은 요한계시록의 12지파와 144,000인의 믿음과 신앙을 통해 마지막 세대를 사는 그리스도인들에게 교훈하고 계십니다.

❷ "에브라임 지파"와 "단 지파"가 배제된 이유

요셉의 장자인 므낫세보다 더욱 축복을 받은 차남 에브라임 지파와 단 지파가 제외된 이유는 성경에서 그 이름의 의미를 상고해 보면 말씀 속에서 해답이 있습니다. 에브라임의 의미는 땅에서 영광을 얻었다는 뜻입니다. 그것도 어느 땅입니까?

"차자의 이름을 에브라임이라 하였으니 하나님이 나로 나의 수고한 **땅에서 창성하게 하셨다** 함이었더라"(창 41:52).

그 의미는 애굽에서 수고하여 얻은 영광입니다. 계시록에서는 애굽을 영적 소돔이라고 상징적으로 말씀하십니다.

"저희 시체가 큰 성 길에 있으리니 그 성은 **영적으로 하면 소돔**이라고도 하고 **애굽이라고도 하니** 곧 저희 주께서 십자가에 못 박히신 곳이니라"(계 11:8).

하나님께서 주시는 영광은 땅에서 얻는 영광과 족히 비교할 수 없으며, 땅에서 얻은 모든 것은 그리스도인들에게는 아무 유익이 없습니다. 그렇다면 단의 의미는 무슨 뜻입니까?

"라헬이 가로되 하나님이 **내 억울함을 푸시려고** 내 소리를 들으사 내게 아들을 주셨다 하고 이로 인하여 그 이름을 단이라 하였으며"(창 30:6).

그 의미는 억울함을 갚아 주셨다는 말씀입니다. 그리스도인들은 사람들에게 원수 된 마음을 품으면 안 됩니다. 그러한 마음은 주님께서 말씀하신 "서로 사랑하라"는 계명의 온전함을 이룰 수가 없습니다. 오히려 그들의 허물을 덮어주고 용서를 비는 마음이 바로 주님이 원하시는 그리스도인들의 마음입니다. 이 둘을 합하면 땅에서 영광을 자랑스러워하거나, 사람들에게 원한을 품은 자들은 144,000인의 신앙에 들어갈 수 없는 자들입니다. 그러기 때문에 그들은 거룩하지 못하고 흠이 있으며 또한, 어린양이 인도하는 대로 어디든지 따라가지 못하는 자들이기 때문입니다.

[제외된 "2지파" 의미]

구 분	1	2
지 파	에브라임	단
의 미	땅에서 영광을 얻었다	억울함을 갚았다

땅에서 영광을 자랑스러워하거나,
사람들에게 억울함을 풀기를 원하는 마음을 가진 자들

⬇

그리스도 예수의 마음에 합당치 못한 자들
144,000의 성품에 합당치 못한 자들

지금까지 많은 그리스도인이 궁금히 여기는 계시록 144,000인 12지파의 이름이 갖는 영적인 의미와 144,000인의 신앙을 상징하는 말씀을 살펴보았습니다.

❸ 144,000인의 "숫자"의 의미

144,000인의 숫자의 개념에 대해 두 가지로 말씀을 드렸습니다.
(1) 144,000명은 상징의 숫자이다. (실제는 더 많다)
(2) 144,000명은 정확한 숫자이다.

성경에서 각 숫자는 그 시사하는 의미가 있습니다.

숫자 12는 "하나님의 완전수" 또는 "하늘의 수"라는 의미가 있으며 요한계시록 21장에서 하늘에서 내려오는 새 예루살렘 성을 설명하면서 숫자 12로 시작해서 12로 끝날만큼 많이 기록해 놓았습니다. 그런데 흥미롭게도 계시록 21장 7절에 144,000인과 같은 의미인 "144"라는 숫자가 나옵니다.

"그 성곽을 측량하매 **백 사십 사** 규빗이니 사람의 측량 곧 천사의 측량이라"(계 21:17).

"또 천사가 도성의 성벽을 측량하니 사람의 치수로 144규빗이었는데 이는 천사의 치수기도 했습니다."(우리말 성경, 계 21:17)

이 144규빗의 도성의 성곽 크기가 나온 근원을 보면 바로 앞 구절 6절 말씀에 나와 있습니다.

"그 성은 네모가 반듯하여 길이와 너비가 같은지라 그 갈대 자로 그 성을 측량하니 만 이천 스다디온이요 길이와 너비와 높이가 같더라"(계 21:16).

길이와 너비가 같은 네모 반듯한 성인데 측량하니 12,000스다리온인데, 144는 12×12에서 나올 수 있는 숫자입니다. 이와 같이 144,000인도 이스라엘 12지파와 각 지파 12,000명씩으로 12×12,000명에서 나온 숫자입니다. 이 144의 숫자는 하나님의 **완전수를 두 번씩 곱한다**는 의미로 생각하면 그만큼 "그리스도인 성품의 완전함"에 대한 절실한 "**하나님의 뜻**"임을 알 수 있겠습니다. 노아의 홍수가 있기 전, 노아의 신앙에 대한 기록된 말씀을 보면 오늘날을 사는 그리스도인들의 삶의 교훈을 얻을 수가 있습니다.

"노아의 사적은 이러하니라 노아는 **의인이요 당세에 완전한 자라 그가 하나님과 동행하였으며**"(창 6:9).

144,000인에 대한 세상의 잘못된 가르침과 교리는 이 숫자에 연연하여 144,000인이 자신들의 교회와 성도라고 주장하지만 오해하였습니다. 이 말씀의 핵심은 "몇 명이냐?"라는 숫자가 아니라, 그 144,400인의 믿음의 내용에 있습니다.

IV. 맺은 말

그리스도인들은 어떤 습관적인 타성에 젖어 삶의 변화 없이 형식적인 신앙에서 벗어나, 모든 것을 가능케 하시는 십자가 보혈의 능력과 은혜를 믿고 경험하며, 그 은혜로 죄를 이기고 새사람이 되어야 할 것입니다. 죄의 유혹을 이기고, 죄와 상관없이 예수님의 마음을 가진 사람들을 하나님께서 인을 치실 것이고, 그런 그리스도인들을 통해 하나님께서는 세상 역사를 마무리하실 것입니다. 이제 하나님의 어린양이 인도하는 대로 따라갈 그리스도인들을 찾는 시간이 점점 오고 있습니다. 이것은 어느 한 교단, 한 교회, 한 민족, 한 국가가 아닙니다. 하나님의 신실한 백성들은 엘리야와 사도 바울에게 하나님께서 말씀하신 숨겨놓은 7000인이 있었듯이 그 사람들은 곧 예수 믿음과 하나님의 계명을 가진 자들입니다.

"그러나 내가 이스라엘 가운데 **칠천 인을 남기리니 다 무릎을 바알에게 꿇지 아니하고** 다 그 입을 바알에게 맞추지 아니한 자니라"(왕상 19:18).

"저에게 하신 대답이 무엇이뇨 내가 나를 위하여 **바알에게 무릎을 꿇지 아니한 사람 칠천을 남겨 두었다** 하셨으니"(롬 11:4).

각자 믿음의 경주를 하며 주님 오실 때까지 안주하지 말고 세상에서 이기는 자가 되어 승리의 면류관을 받기를 간구합니다.

하나님께서는 그러한 자를 찾고 계십니다.

초대교회 때 성령을 받은 그리스도인들이 온 세상에 나아가 복음을 땅끝까지 전하여 세상이 복음의 빛으로 환해진 것 같이 마지막 시대에도 하나님의 소식을 전할 백성들이 필요합니다. 그들은 교회와 교파와 교리를 초월하여 하나님의 계명과 진리를 지키며 하나님의 성품과 공의로우심을 하늘과 세상 사람들에게 증거할 사람들입니다. 그들은 나아가 바벨론의 죄악을 폭로하고 그곳에 있는 하나님의 백성들을 불러내는 일들을 할 것이며, 짐승의 우상에게 경배하라는 강요와 핍박에서 예수님의 재림을 위해 사람들을 깨워서 준비시킬 사람들입니다.

여러분은 성령이 충만한 초대교회 그리스도인들처럼 이 거룩하고 흠이 없는 무리의 믿음과 함께할 준비가 되어 있습니까? 하나님께서는 세상 마지막 시기에 한 성령으로 인도하셔서 세상 역사를 마무리 지을 144,000인을 준비하고 계십니다. 그 144,000인은 충만하신 성령의 능력으로 하나님께서 주신 마지막 역사적 사명을 성공적으로 완수하고 이 세상 역사를 하나님의 승리로 기록하는 막중한 사명을 가진 어린양의 이름이 그 이마에 기록된 사람들입니다. **많은 그리스도인이 주님의 재림에 소망을 갖고 있습니다.** 그리스도인으로서 당연한 소망입니다. 그러나 오늘날의 시대가 노아의 홍수시대와 같이 말세의 시대임을 믿고 계신다면 기억하십시오. 그 당시의 에녹과 노아의 신앙을...

"에녹이 하나님과 **동행**하더니 하나님이 그를 데려가시므로 세상에 있지 아니하였더라"(창 5:24).

"이것이 노아의 족보니라 노아는 의인이요 당대에 완전한 자라 그는 하나님과 **동행**하였으며"(창 6:9).

하나님과 동행한 에녹과 노아는 환란 때 건짐과 보호를 받은 하나님 백성의 대표자들입니다. 그들의 공통점은 "**하나님과 동행**"에 있습니다. 144,000인도 에녹과 노아와 마찬가지로 하나님과 동행하는 신앙을 가진 사람들입니다. 노아의 시대와 같이 말세에 고통받는 오늘날 여러분은 하나님과 "동행"하고 계십니까? "동행"이란 말과 뜻과 행실이 사랑과 믿음과 정절에서 하나님과 마음이 합했다는 의미입니다. 오늘날 목회자들은 다음과 같이 말합니다. 여러분이 구원받았으니 교회에 모든 일에 순종하고, 전도, 봉사, 기도, 헌금, 교제 등 이러한 행위들을 잘해야 하며, 특히 전도가 신앙의 최선인 것처럼, 교세의 확장이 성령이 충만하고 교회가 살아있는 증거라고 설교하지만, 그것은 신앙의 전부가 아닙니다! 일부분입니다! 하나님은 "아브라함의 하나님" "이삭의 하나님" "야곱의 하나님"입니다.

"너는 가서 이스라엘의 장로들을 모으고 그들에게 이르기를 여호와 너희 조상의 하나님 곧 아브라함과 이삭과 야곱의 하나님이 내게 나타나 이르시되 내가 너희를 돌보아 너희가 애굽에서 당한 일을 확실히 보았노라"(출 3:16).

하나님은 이스라엘의 하나님이며, 거듭난 유대인 그리스도인들의 하나님이며, 거듭난 이방인 그리스도인들의 하나님입니다.

"하나님은 다만 유대인의 하나님이시냐 또한 이방인의 하나님은 아니시냐 진실로 이방인의 하나님도 되시느니라"(롬 3:29).

그리고 144,000인의 하나님입니다. 이것이 신앙이고, 이것이 그리스도인들의 믿음입니다. 계시록 7장의 12지파의 이름의 의미와 계시록 14장의 144,000인의 성품이 바로 창세기부터 오늘날까지 하나님께서 원하시는 "그리스도인의 신앙과 믿음이란 이런 것이다"를 함축적으로 말씀하고 교훈하신 것입니다. 시대가 변하고, 나라들이 변하고, 민족이 변하고, 언어가 변하고, 사람들이 변하지만 하나님께서 달라지셨습니까? **절대 그렇지 않습니다.** 하나님께서는 변하시지 않는 "진리"이십니다. 그렇다면 그리스도인들의 믿음이 변화되었나요? **절대 그렇지 않습니다.** 하나님께서 변하시지 않으셨는데, 그리스도인들에 대한 하나님의 믿음의 요구가 변할 수 없습니다.

오늘날 하나님께서는 하나님과 **"동행"**하는 그리스도인들을 찾고 계십니다. 다른 사람들이 보는 외형적인 나의 모습과 교회의 모습과 발전에 마음을 두지 마십시오! 사람들은 외적인 모습으로 판단합니다. 그러나 하나님께서는 사람의 깊은 속을 살피십니다. 반드시 **"마음 깊은 속"**입니다. 은밀한 생각과 행동들을 다 보고 계십니다.

"사람의 영혼은 여호와의 등불이라 **사람의 깊은 속**을 살피느니라"(잠 20:27).

"하나님은 모든 행위와 **모든 은밀한 일을 선악간에 심판**하시리라"(전 12:14).

그리스도인은 항상 마음 안부터 먼저 깨끗이 하여야 합니다. 어느 정도 깨끗이 해야 합니까? 주님과 같아야 합니다.

"소경된 바리새인아 너는 **먼저 안을 깨끗이 하라** 그리하면 겉도 깨끗하리라"(마 23:26).

"주를 향하여 이 소망을 가진 자마다 **그의 깨끗하심과 같이 자기를 깨끗하게 하느니라**"(요일 3:3).

"이러하므로 내가 하늘과 땅에 있는 각 족속에게 이름을 주신 아버지 앞에 무릎을 꿇고 비노니"(엡 3:14).

우리 주님 곧 오십니다!

하나님의 "진노의 큰 날"이 이르렀으니, 누가 능히 설 수 있습니까?

"12지파"의 이름과 "144,000인"의 신앙관을 교훈으로 삼아, 우리 주 예수 그리스도와 함께 "동행"하시기 기도드립니다.

SOSTV 선교센터 안내

1. 웹사이트
✓ www.SOSTV.net

분명한 진리의 말씀과 성경을 연구할 수 있는 효과적인 자료들인 월간지, TV 방송설교, 각종 세미나, 요한계시록과 다니엘 연구 동영상, 성경 주제별 공부시리즈, 아름다운 시와 음악 등 방대한 자료들이 준비되어 있습니다.

✓ 인터넷 방송

차별화된 기독교 인터넷 방송이 제공됩니다. 성경강의는 물론 최근 시사들을 성경적인 관점에서 해석하는 시사뉴스, 그리스도인의 자녀 교육, 건강, 기독교 역사, 성경의 예언들, 채식 요리, 그리스도인 젊은이들이 세상을 바라보는 토크, 참 신앙을 찾는 사람들의 이야기, 거듭난 사람들의 간증, 예배 등 다양하고 유익한 프로그램들로 구성된 인터넷 방송국입니다.

2. 월간지 〈SOSTV MAGAZINE〉

매달 가정과 건강과 신앙에 관하여 중요하고도 참신한 기사들이 예쁘게 디자인된 총천연색 월간지에 실립니다. 각종 질병과 건강에 관한 천연 치료법들과 성경의 예언 및 구원에 관한 중요한 주제들이 심도 있게 다루어집니다.

3. YouTube

SOSTV에서 제작한 모든 영상을 PC와 스마트폰에서 쉽고 빠르게 보실 수 있는 〈SOSTV 기독교 방송〉 YouTube 채널이 준비되어 있습니다. YouTube에서 〈SOSTV〉를 검색하세요.

4. 도서 단행본

요한계시록/다니엘 등 예언 연구, 복음, 그리스도인 생활, 교리, 그리스도의 생애, 기독교회사, 예배일에 관한 연구 등 삶을 변화시키는 진리가 담긴 책자들이 있습니다.

5. 성경으로 돌아가는 길잡이

성경 전체를 다양하고 심도 있게 공부할 수 있는 성경 연구 소책자 32권 시리즈

6. 미디어 선교

다니엘서, 요한계시록, 로마서, 히브리서 강해 및 각종 세미나와 설교 CD, DVD를 하나님의 말씀을 사모하는 모든 영혼들에게 보내드립니다.

7. 온라인 카페 안내

✓ 킹스 메신저 (http://kingsm.net)

진리의 말씀을 사모하고 그 말씀대로 살아가길 원하는 사람들을 위한 온라인 카페입니다. 주제별로 분류한 월간지 글 모음! 다니엘서 및 요한계시록 Bible Study 자료 무료 다운로드! 채식 요리 레시피, 자녀 교육, 농사 일기 등 유용한 정보와 말씀으로 삶이 변화된 실제적인 경험이야기가 킹스 메신저에 있습니다.

8. SOSTV 선교센터

〈SOSTV 선교센터〉는 깊은 영적 목마름을 해결하고자 진리의 생수를 찾는 그리스도인들을 위해 마련한 공간입니다. 지금까지 인터넷을 통해서만 접할 수 있었던 〈SOSTV〉가 여러분께 더 가까이 다가가고자 오프라인 성경 지식나눔터, 〈SOSTV 선교센터〉를 오픈하였습니다. 신앙생활을 하며 겪는 고민이나, 체계적인 성경공부, 성경과 관련된 질문이 있으신 분들을 위해 언제든지 방문할 수 있도록 오픈되어있습니다. 지금까지 〈SOSTV〉에서 발행한 월간지와 책자들, 설교 CD/DVD, 주제별 성경 공부 자료 등이 준비되어 있으니 많은 도움 받으시길 바랍니다.

■ 경기 남양주시 와부읍 덕소리 462-9 벽산메가트리움 218호 / ☎ 1544-0091

9. 후원 안내

SOSTV는 독자 여러분의 후원으로 운영되는 선교센터입니다. 여러분께서 정성스럽게 보내주시는 귀한 헌금은, 보다 많은 분들에게 진리를 전해 드리기 위하여, 가장 소중하고 조심스럽게 사용할 것을 약속드립니다. 책자를 보시고 마음에 감동을 받으신 분들은 아래 계좌로 후원을 부탁드립니다.

후원 계좌
(예금주 : 생애의 빛)

후원하시는 분들은 세금 감면의 혜택을 받으실 수 있습니다.

· 국민 : 611601-04-222007
· 신한 : 100-025-300569
· 우리 : 1005-601-482208
· 외환 : 630-006815-376
· 우체국 : 700245-01-002423
· 농협 : 301-0019-4151-11

■ **SOSTV 선교센터 연락처**

한국	1544-0091, sostvkr@hotmail.com
미국	888-439-4301, sostvus@hotmail.com
	P.O.Box 787 Commerce, GA 30529 U. S. A.
뉴질랜드	0800-42-3004(수신자부담), sostvnz@gmail.com
	55 Monk Rd. Helensville, Auckland, New Zealand
일본	050-1141-2318, sostvjapan@outlook.com
	〒298-0263　千葉県夷隅郡大多喜町伊保田53-1
	www.sostv.jp
중국	sostvnet@hushmail.com
	www.sostvcn.com

Social Network

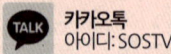
카카오톡
아이디: SOSTV

카카오스토리
아이디: SOSTV

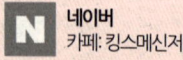
네이버
카페: 킹스메신저

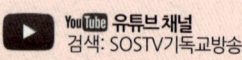
유튜브 채널
검색: SOSTV기독교방송